まじめに、楽《たの》しく取《と》り組《く》める、ニャンともお得《とく》なドリルです。

「漢字《かんじ》」×「ネコあるある」×「五七五《ごしちご》のリズム」で、ネコと漢字がよくわかる！
「にゃんこ豆知《まめち》しき」で、ネコがもっと好《す》きになる！
十五回《じゅうごかい》×四日《よっか》で学年《がくねん》の漢字をすべて学習《がくしゅう》できます。（三回《さんかい》くり返《かえ》し、一回確認《いっかいかくにん》の計《けい》四日）。

※「ネコのあるある五七五」で作《つく》っていますので、同《おな》じ漢字が複数出《ふくすうで》ることがあります。

あるある五七五

問題文《もんだいぶん》はすべて「ネコあるある」！「五七五のリズム」で楽しく漢字を学習できます。
三回同じ問題文をくり返して自然《しぜん》と漢字を覚《おぼ》え、きれいな字形《じけい》が身《み》につきます。

にゃんこ豆知しき

あるある五七五の中《なか》から、ネコのことがもっとわかって好きになる豆知しきをしょうかい。

漢字のかくにん

三回くり返して学習したからもうだいじょうぶ！最後《さいご》の確認テストです。

にゃんこ豆知しきけん定

ネコのことも覚えてくれたかニャ？これができたら、りっぱなネコはか

本書《ほんしょ》の売《う》り上《あ》げの一部《いちぶ》は、保護猫活動《ほごねこかつどう》に寄付《きふ》されます。

『猫庭とは　～みんなで見守る～』

『猫庭《ねこにわ》』は、山口県《やまぐちけん》の「てしま旅館《りょかん》」にあります。
かい主《ぬし》のいないネコが、新《あら》たな家族《かぞく》を見つけるためのお家《うち》です。
館長《かんちょう》は、手島姫萌《てしまひめも》さんといいます。

『猫庭《ねこにわ》』ができたきっかけは、「捨《す》てネコ」でした。
小学生《しょうがくせい》だった姫萌《ひめも》さんと兄弟《きょうだい》は、捨《す》てられたネコを見《み》つけて、
「お家《うち》でかいたい」とおうちの人に相談《そうだん》します。
最初《さいしょ》は、だめと言《い》われます。だって、お父《とう》さんは大《だい》の「ネコぎらい」！
でも、捨《す》てられたネコをそのままにしておくことはできません。
「自分《じぶん》たちで世話《せわ》をする！」と約束《やくそく》をしてかうことができました。

ネコを育《そだ》てるうちに、姫萌《ひめも》さんたちは捨《す》てられたネコが、
だれにもかかわれなかったらどうなるかを知《し》ります。

「さつしょぶん」といって、ころされてしまうのです……。

それから、「自分《じぶん》たちに何《なに》かできることがないだろうか」と
話《はな》し合《あ》い「家がしている旅館《りょかん》の庭《にわ》に、ネコのお家《うち》を作《つく》ろう」
と考えて始まったのが『猫庭《ねこにわ》』です。

たくさんの人《ひと》も協力《きょうりょく》もあり、二〇一六年《にせんじゅうろくねん》「猫庭《ねこにわ》」は完成《かんせい》します。
姫萌《ひめも》さんは、なんと小学生《しょうがくせい》で猫庭《ねこにわ》の館長《かんちょう》さんになりました。

猫庭《ねこにわ》は、「山口県《やまぐちけん》のさつしょぶんをゼロに」を目標《もくひょう》に、
捨《す》てられたネコを保護《ほご》して、新《あたら》しい家族《かぞく》に会《あ》える手助《てだす》けをしています。
もちろん「ネコに会《あ》える旅館《りょかん》」として、ネコたちもお客《きゃく》さんに大人気《だいにんき》。
人《ひと》もネコも助《たす》け合《あ》って、過《す》ごしています。
（お父《とう》さん、今《いま》では大《だい》の「ネコ好《ず》き」なったそうですよ）

猫庭《ねこにわ》の活動《かつどう》は、コチラ↓

三年生　もくじ

（何度も出てくる漢字があります）

1日目

名前

あるある五七五①

1 次《つぎ》の五七五《ごしちご》を読《よ》んで、□の中《なか》の漢字《かんじ》をなぞりましょう。

① 川《かわ》岸《ぎし》で　拾《ひろ》われたネコ　今《いま》幸《こう》福《ふく》

② 深《しん》夜《や》には　ネコが集《あつ》まる　線《せん》路《ろ》わき

③ 身《み》をかがめ　屋《や》根《ね》に向《む》かって　大《だい》ジャンプ

④ ドタバタと　二《に》階《かい》で始《はじ》まる　運《うん》動《どう》会《かい》

⑤ 勉《べん》強《きょう》を　開《かい》始《し》すると　遊《あそ》びだす

1日目　にゃんこ豆知しき①

『ノラネコの顔《かお》、イエネコの顔《かお》』

2 今日《きょう》のにゃんこ豆知《まめち》しきを読《よ》んでみよう！

川岸《かわぎし》で　拾《ひろ》われたネコ　今《いま》幸福《こうふく》

きけんととなり合《あ》わせの野《の》らネコは、目《め》つきがするどく、少《すこ》しこわい顔《かお》をしていることが多《おお》いです。

また、きけんがないかとビクビクしたり、かぜをひいて鼻水《はなみず》をたらしていたりする様子《ようす》は、何《なん》ともいえません。

そんな子《こ》でも、家《いえ》にむかえられるとみるみる元気《げんき》になって、やさしい顔《かお》のあまえんぼさんになっていきます。

さみしい思《おも》いをしているネコたちに、少《すこ》しでも多《おお》くの安心《あんしん》できる場所《ばしょ》を作《つく》ってあげたいですね。

2日目

名前

あるある五七五 ①

1 次《つぎ》の五七五《ごしちご》を読《よ》んで、□の中《なか》の漢字《かんじ》を書《か》きましょう。

① 川《かわ》□《ぎし》で □《ひろ》われたネコ 今《いま》□《こう》□《ふく》

② □《しん》夜《や》には ネコが□《あつ》まる 線《せん》□《ろ》わき

③ □《み》をかがめ □《や》□《ね》に□《む》かって 大《だい》ジャンプ

④ ドタバタと 二《に》□《かい》で□《はじ》まる □《うん》□《どう》会《かい》

⑤ □《べん》強《きょう》を □《かい》□《し》すると □《あそ》びだす

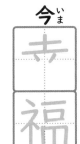

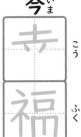

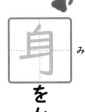

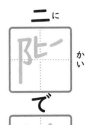

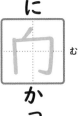

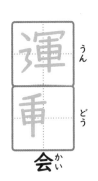

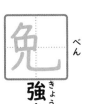

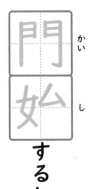

2日目　にゃんこ豆知しき②

『ネコのジャンプ力《りょく》』

2 今日《きょう》のにゃんこ豆知《まめち》しきを読《よ》んでみよう！

身《み》をかがめ　屋根《やね》に向《む》かって　大《だい》ジャンプ

れいぞう庫《こ》の上《うえ》でくつろぎ、屋根《やね》の上《うえ》などもひょいひょい歩《ある》いていく。

「あんなところまで！？」という高《たか》さでも、ネコは登《のぼ》ってしまいます。

ネコのジャンプ力《りょく》はすばらしく、体《たい》長《ちょう》の五倍《ごばい》（一・五《いってんご》メートルから二《に》メートル）ほどの高《たか》さまでとべます。

百七十《ひゃくななじっ》センチメートルの人間《にんげん》にたとえると、八《はち》メートル（ビルの三階《さんがい》まで）とべるということになります。

止《と》まっているところから、そんな高《たか》さまでとべるなんてすごいですよね。

3日目

名前

あるある五七五 ①

1 次《つぎ》の五七五《ごしちご》を読《よ》んで、□の中《なか》の漢字《かんじ》を書《か》きましょう。

① 川《かわ》□《ぎし》で　□《ひろ》われたネコ　今《いま》□《こう》□《ふく》

② □《しん》夜《や》には　ネコが□《あつ》まる　線《せん》□《ろ》わき

③ □《み》をかがめ　□《や》□《ね》に□《む》かって　大《だい》ジャンプ

④ ドタバタと　二《に》□《かい》で□《はじ》まる　□《うん》□《どう》会《かい》

⑤ □《べん》強《きょう》を　□《かい》□《し》すると　□《あそ》びだす

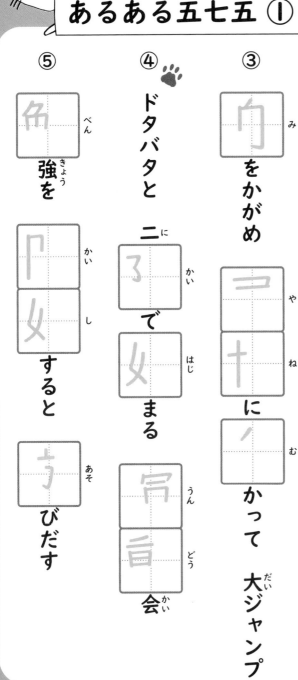

3日目 にゃんこ豆知しき ③

『とつぜん走《はし》り出《だ》すネコ』

2 今日《きょう》のにゃんこ豆知《まめち》しきを読《よ》んでみよう！

ドタバタと 二階《にかい》で始《はじ》まる 運動会《うんどうかい》

夜《よる》、かい主《ぬし》がねようとすると、なぜか走《はし》り出《だ》して運動会《うんどうかい》を始《はじ》めるのは、ネコあるあるです。

「何《なん》でねかせてくれないの！」と思《おも》ってしまうかもしれません。

でもこれは、ネコが元気《げんき》なしょうこ。とくに昼間《ひるま》一《いっ》ぴきでおるす番《ばん》をしているネコだと、運動《うんどう》ぶ足《そく》で、エネルギーがありあまっているのです。

ごはんの前《まえ》に少《すこ》し遊《あそ》んであげたり、ネコが外《そと》を見《み》られるようにしてあげたりすると、かわることもありますよ。

4日目

①のかくにん

名前

／19点

1 次《つぎ》の五七五《ごしちご》を読《よ》んで、□の中《なか》の漢字《かんじ》を書《か》きましょう。

① 川《かわ》□《ぎし》で □《ひろ》われたネコ 今《いま》□《こう》□《ふく》

② □《しん》夜《や》には ネコが□《あつ》まる 線《せん》□《ろ》わき

③ □《み》をかがめ □《や》□《ね》に□《む》かって 大《だい》ジャンプ

④ ドタバタと 二《に》□《かい》で□《はじ》まる □《うん》□《どう》会《かい》

⑤ □《べん》強《きょう》を □《かい》□《し》すると □《あそ》びだす

4日目 けん定問題

にゃんこ豆《まめ》知《ち》しきけん定《てい》①

3点

2 にゃんこ豆《まめ》知《ち》しきのけん定《てい》問《もん》題《だい》にちょうせん！

① 家《いえ》にむかえられたネコはどんな顔《かお》になる？

□□□□顔《かお》になる

② ネコは、体長《たいちょう》の何倍《なんばい》ほどの高《たか》さまでとべる？

体長《たいちょう》の□《ご》倍《ばい》ほど

③ エネルギーがあまっているネコには、何《なに》をしてあげるといい？

ごはんの前《まえ》に□《あそ》□□あげる

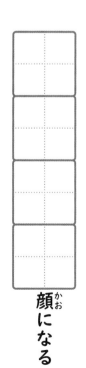

1日目

名前

あるあるごしちご ②

1 次《つぎ》の五七五《ごしちご》を読《よ》んで、□の中《なか》の漢字《かんじ》をなぞりましょう。

⑥ 全《ぜん》速《そく》力《りょく》 落《お》ち葉《ば》の中《なか》に もぐりこむ

⑦ ネコずきな 京《きょう》の都《みやこ》の とある神《かん》主《ぬし》

⑧ 世《せ》界《かい》一《いち》 毛《け》なみ美《うつく》し ネコ育《そだ》て

⑨ 悪《あく》役《やく》の 顔《かお》したネコが 登《とう》場《じょう》だ

⑩ 駅《えき》に着《つ》き ベンチの中《ちゅう》央《おう》 とび乗《の》った

1日目 にゃんこ豆知しき ①

『毛《け》の長《なが》さでわかるせいかく？』

2 今日《きょう》のにゃんこ豆《まめ》知《ち》しきを読《よ》んでみよう！

世《せ》界《かい》一《いち》　毛《け》なみ美《うつく》し　ネコ育《そだ》て

ネコの毛《け》にも、いろいろなとくちょうがあります。

よく見《み》る短《みじか》い毛《け》のネコのほか、ふわふわの長《なが》い毛《け》のネコもいます。

どのネコも、それぞれのみ力《りょく》がありますね。

長毛《ちょうもう》のネコは、毛《け》なみを整《ととの》えることで見《み》た目《め》がとってもきれいになること、せいかくも大人《おとな》しいことが多《おお》く、家具《かぐ》をきずつけにくいことから人気《にんき》があるネコです。

2日目

名前

あるある五七五 ②

1 次《つぎ》の五七五《ごしちご》を読《よ》んで、□の中《なか》の漢字《かんじ》を書《か》きましょう。

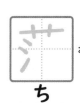

⑥ □《ぜん》□《そく》力《りょく》 □《お》ち□《ば》の中《なか》に もぐりこむ

⑦ ネコずきな 京《きょう》の□《みやこ》の とある□《かん》□《ぬし》

⑧ □《せ》□《かい》一《いち》 毛《け》なみ□《うつく》し ネコ□《そだ》て

⑨ □《あく》□《やく》の 顔《かお》したネコが □《とう》場《じょう》だ

⑩ □《えき》に□《つ》き ベンチの中《ちゅう》□《おう》 とび□《の》った

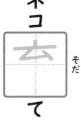

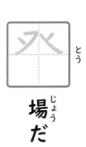

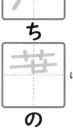

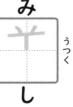

2日目　にゃんこ豆知しき ②

『ビックフェイスがモテる！』

2 今日《きょう》のにゃんこ豆知《まめち》しきを読《よ》んでみよう！

悪役《あくやく》の　顔《かお》したネコが　登場《とうじょう》だ

野《の》らネコで、顔《かお》も体《からだ》もどーんと大《おお》きく、目元《めもと》にきずがあったりするネコを見《み》かけることがあります。まさに「悪《あく》役《やく》のドン」というたたずまい。ちょっとこわいですね。

でも、そのはく力《りょく》のある顔《かお》は、てきからにげずに正面《しょうめん》から相手《あいて》とたたかったあかしです。

もしかすると、メスやなか間《ま》を守《まも》ったのかもしれません。

ネコの世界《せかい》では、そんな顔《かお》の大《おお》きな強《つよ》いオスが、モテるんだそうですよ。

3日目

名前

あるある五七五 ②

1 次《つぎ》の五七五《ごしちご》を読《よ》んで、□の中《なか》の漢字《かんじ》を書《か》きましょう。

⑥ □《ぜん》□《そく》力《りょく》 □《お》ち□《ば》の中《なか》に もぐりこむ

⑦ ネコずきな 京《きょう》の□《みやこ》の とある□《かん》□《ぬし》

⑧ □《せ》□《かい》一《いち》 毛《け》なみ□《うつく》し ネコ□《そだ》て

⑨ □《あく》□《やく》の 顔《かお》したネコが □《とう》場《じょう》だ

⑩ □《えき》に□《つ》き ベンチの中《ちゅう》□《おう》 とび□《の》った

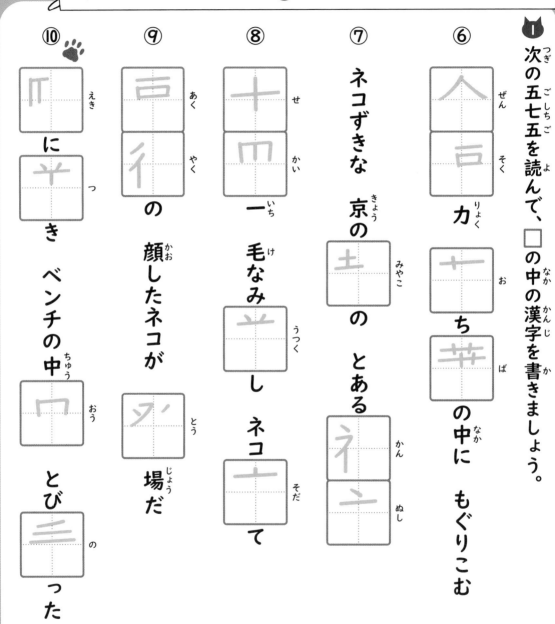

3日目　にゃんこ豆知しき ③

『ネコとお出《で》かけ』

2 今日《きょう》のにゃんこ豆知《まめち》しきを読《よ》んでみよう！

駅《えき》に着《つ》き　ベンチの中央《ちゅうおう》　とび乗《の》った

ネコとのお出《で》かけは楽《たの》しみと心配《しんぱい》、両方《りょうほう》の気持《きも》ちになりますね。

いつも家《いえ》の中《なか》でかわれているネコには、外《そと》の世界《せかい》は知《し》らないものばかり。

こわがりなネコは、音《おと》にきんちょうして鳴《な》きつづけたり、元気《げんき》なネコならキャリーバックからとび出《だ》してしまったりすることがあるので、注意《ちゅうい》がひつようです。

外《そと》でも落《お》ち着《つ》けるよう、かい主《ぬし》やネコ自身《じしん》のにおいがついたタオルが一《いち》まいあるといいですね。

4日目

②のかくにん

／18点

名前

1 次《つぎ》の五七五《ごしちご》を読《よ》んで、□の中《なか》の漢字《かんじ》を書《か》きましょう。

⑥ □《ぜん》□《そく》力《りょく》 □《お》ち□《ば》の中《なか》に もぐりこむ

⑦ ネコずきな 京《きょう》の□《みやこ》の とある□《かん》□《ぬし》

⑧ □《せ》□《かい》一《いち》 毛《け》なみ□《うつく》し ネコ□《そだ》て

⑨ □《あく》□《やく》の 顔《かお》したネコが □《とう》場《じょう》だ

⑩ □《えき》に□《つ》き ベンチの中《ちゅう》□《おう》 とび□《の》った

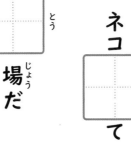

4日目 けん定問題

にゃんこ豆知《まめち》しきけん定《てい》②

3点

2 にゃんこ豆知《まめち》しきのけん定問題《ていもんだい》にちょうせん！

① 長毛《ちょうもう》のネコは、どんなせいかくが多《おお》い？

おと な

ことが多《おお》い

② ネコの世界《せかい》では、どんなオスがモテる？

かお おお

強《つよ》いオス

③ ネコとのお出《で》かけ、外《そと》でも落《お》ち着《つ》けるよう何《なに》があるといい？

かい主《ぬし》やネコ自身《じしん》のにおいのついた

1日目

名前

あるある五七五 ③

1 次《つぎ》の五七五《ごしちご》を読《よ》んで、□の中《なか》の漢字《かんじ》をなぞりましょう。

⑪ 君《きみ》の勝《か》ち にらみ合《あ》い負《ま》け 走《はし》り去《さ》る

⑫ 心《しん》配《ぱい》だ 動《どう》物《ぶつ》病《びょう》院《いん》 予《よ》やくした

⑬ 心《しん》配《ぱい》で 血《けつ》えきけんさ じゅう医《い》さん

⑭ き帳《ちょう》面《めん》 体《たい》調《ちょう》へん化《か》 書《か》き取《と》った

⑮ 注《ちゅう》しゃ打《う》ち 入《にゅう》院《いん》させたよ 短《たん》期《き》間《かん》

1日目　にゃんこ豆知しき ①

『ネコのケンカはにらみ合《あ》いから』

2 今日《きょう》のにゃんこ豆知《まめち》しきを読《よ》んでみよう！

君《きみ》の勝《か》ち　にらみ合《あ》い負《ま》け　走《はし》り去《さ》る

ネコは、すぐにケンカをするイメージをもっていませんか？

実《じっ》はネコは平和主《へいわしゅ》ぎ者《しゃ》で、なるべくケンカをしないようにしています。

ネコ同《どう》しが、近《ちか》くにいるのに目《め》を合《あ》わせないときがあるのもその一《ひと》つ。

目《め》を合《あ》わせることは、ネコの世界《せかい》ではケンカの始《はじ》まりを意味《いみ》します。

だから、近《ちか》くにいても気《き》づかないふりをしたり、取《と》っ組《く》み合《あ》いになる前《まえ》に毛《け》をさか立《だ》てたりして、いかくするのです。

2日目

名前

あるある五七五 ③

1 次《つぎ》の五《ご》七《しち》五《ご》を読《よ》んで、□の中《なか》の漢字《かんじ》を書《か》きましょう。

⑪ □《きみ》の□《か》ち　にらみ合《あ》い□《ま》け　走《はし》り□《さ》る

⑫ 心《しん》□《ぱい》だ　□《どう》□《ぶつ》□《びょう》□《いん》　□《よ》やくした

⑬ 心《しん》□《しん》で　□《けつ》えきけんさ　じゅう□《い》さん

⑭ き□《ちょう》□《めん》　体《たい》□《ちょう》へん□《か》　書《か》き□《と》った

⑮ □《ちゅう》しゃ□《う》ち　入《にゅう》□《いん》させたよ　□《たん》□《き》間《かん》

2日目　にゃんこ豆知しき ②

『水《みず》の飲《の》みすぎはじんぞう病《びょう》かも？』

2 今日《きょう》のにゃんこ豆《まめ》知《ち》しきを読《よ》んでみよう！

心配《しんぱい》だ　動物病院《どうぶつびょういん》　予《よ》やくした

ネコは、人《ひと》とくらべて水《みず》を飲《の》むりょうが少《すく》ないです。

それは、ネコのご先《せん》ぞ様《さま》が、さばくに住《す》んでいたなごりです。少《すく》ない水《みず》でも生《い》きていけるように進化《しんか》しているからなのです。

だからこれまであまり水《みず》を飲《の》まなかったネコが「さい近《きん》よく水《みず》を飲《の》むな」「トイレの回数《かいすう》がふえたな」というときには注意《ちゅうい》がひつようです。

ネコに多《おお》い、じんぞう病《びょう》かもしれません。

3日目

名前

あるある五七五 ③

1 次《つぎ》の五七五《ごしちご》を読《よ》んで、□の中《なか》の漢字《かんじ》を書《か》きましょう。

⑪ □《きみ》の□《か》ち にらみ合《あ》い□《ま》け 走《はし》り□《さ》る

⑫ 心《しん》□《ぱい》だ □《どう》□《ぶつ》□《びょう》□《いん》 □《よ》やくした

⑬ 心《しん》□《ぱい》で □《けつ》えきけんさ じゅう□《い》さん

⑭ き□《ちょう》□《めん》 体《たい》□《ちょう》へん□《か》 書《か》き□《と》った

⑮ □《ちゅう》しゃ□《う》ち 入《にゅう》□《いん》させたよ □《たん》□《き》間《かん》

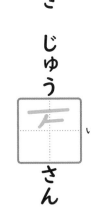

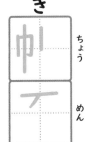

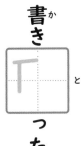

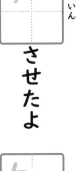

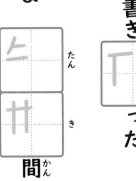

3日目 にゃんこ豆知しき ③

『ネコの体調《たいちょう》かん理《り》』

2 今日《きょう》のにゃんこ豆《まめ》知《ち》しきを読《よ》んでみよう！

き帳面《ちょうめん》　体調《たいちょう》へん化《か》　書《か》き取《と》った

人間《にんげん》と同《おな》じように、ネコもだんだん長《なが》生《い》きになってきています。

「かん全室内《ぜんしつない》がい」が一《いっ》ぱんてきになり、外《そと》でのケガやウイルス感《かん》せんが少《すく》なくなったおかげといわれています。

ただ、その代《か》わりに運動《うんどう》ぶ足《そく》のネコもふえているようです。かい主《ぬし》がしてあげられるネコの体調《たいちょう》かん理《り》は、体《たい》重《じゅう》かん理《り》がほとんどです。

太《ふと》ると病気《びょうき》にもなりやすいので、一《いっ》しょに遊《あそ》んで運動《うんどう》させたり、ダイエットフードを食《た》べさせたりしましょう。

4日目

③のかくにん

／23点

名前

次《つぎ》の五七五《ごしちご》を読《よ》んで、□の中《なか》の漢字《かんじ》を書《か》きましょう。

⑪ □《きみ》の□《か》ち　にらみ合《あ》い□《ま》け　走《はし》り□《さ》る

⑫ 心《しん》□《ぱい》だ　□《どう》□《ぶつ》□《びょう》□《いん》　□《よ》やくした

⑬ 心《しん》□《ぱい》で　□《けつ》えきけんさ　じゅう□《い》さん

⑭ き□《ちょう》□《めん》　体《たい》□《ちょう》へん□《か》　書《か》き□《と》った

⑮ □《ちゅう》しゃ□《う》ち　入《にゅう》□《いん》させたよ　□《たん》□《き》間《かん》

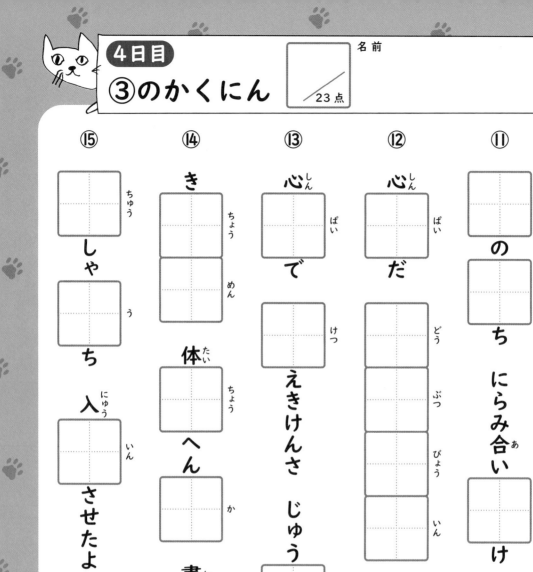

4日目 けん定問題

にゃんこ豆知《まめち》しきけん定《てい》③

3点

2 にゃんこ豆知《まめち》しきのけん定問題《ていもんだい》にちょうせん！

① ネコ同《どう》し目《め》を合《あ》わせるのは何《なに》を意味《いみ》する？

［　　　］の始《はじ》まりを意味《いみ》する

② ネコが水《みず》を飲《の》むりょうが少《すく》ないのは、どこに住《す》んでいたなごり？

［　　　］に住《す》んでいたなごり

③ 室内《しつない》がいが一《いっ》ぱんてきになり、ネコは何《なに》が少《すく》なくなった？

外《そと》での［　　］や、ウイルス感《かん》せん

1日目

名前

あるある五七五 ④

1 次《つぎ》の五七五《ごしちご》を読《よ》んで、□の中《なか》の漢字《かんじ》をなぞりましょう。

⑯ 苦《にが》い 味《あじ》 お薬《くすり》 服《ふく》用《よう》 あわブクブク

⑰ 動《どう》物《ぶつ》の 安《あん》楽《らく》死《し》には 反《はん》対《たい》だ

⑱ せを反《そ》らす 柱《はしら》でツメとぐ 習《しゅう》せいだ

⑲ 写《しゃ》真《しん》見《み》せ 感《かん》想《そう》たずね 相《そう》談《だん》す

⑳ ほごネコの 消《しょう》息《そく》問《と》うて 安《あん》心《しん》した

1日目 にゃんこ豆知しき①

『ネコとお薬《くすり》』

2 今日《きょう》のにゃんこ豆《まめ》知《ち》しきを読《よ》んでみよう！

苦《にが》い味《あじ》 お薬《くすり》服《ふく》用《よう》 あわブクブク

人《ひと》と同《おな》じで、ネコもお薬《くすり》はあまりすきではありません。

えき体《たい》や、じょうざい、こななどがありますが、しっかり飲《の》めなくて、ブクブクこぼしてしまうことも。

ごはんにまぜても、お薬《くすり》だけが皿《さら》にのこっているとガッカリします。

そんなときは、じょうざいをポンと口《くち》の中《なか》に入《い》れると飲《の》んでくれることもあります。ネコは飲《の》みこむのが上手《じょうず》ではないので、のどに引《ひ》っかからないように水《みず》を飲《の》ませてあげましょう。

2日目

名前

あるある五七五 ④

1 次《つぎ》の五七五《ごしちご》を読《よ》んで、□の中《なか》の漢字《かんじ》を書《か》きましょう。

⑯
□《にが》い□《あじ》
お□《くすり》□《ふく》用《よう》
あわブクブク

⑰
□《どう》□《ぶつ》の
□《あん》楽《らく》□《し》には
□《はん》□《たい》だ

⑱
せを□《そ》らす
□《はしら》でツメとぐ
□《しゅう》せいだ

⑲
□《しゃ》□《しん》見《み》せ
□《かん》□《そう》たずね
□《そう》□《だん》す

⑳
ほごネコの
□《しょう》□《そく》□《と》うて
□《あん》心《しん》した

2日目　にゃんこ豆知しき ②

『ツメとぎは、かまってアピール？』

② 今日《きょう》のにゃんこ豆知《まめち》しきを読《よ》んでみよう！

せを反《そ》らす　柱《はしら》でツメとぐ　習《しゅう》せいだ

いつもはかくしていて、ここぞというときに二ュッと出《で》るネコのツメ。ツメとぎは、ネコにとって大切《たいせつ》なことなので、ネコをかうなら、ツメとぎ用品《ようひん》もそろえてあげましょう。

　ツメとぎは、ツメをするどくするためはもちろん、自分《じぶん》のにおいをつけてマーキングする意味《いみ》もあります。リラックスするこうかもあるそうです。

　また、かい主《ぬし》にむけて「かまってアピール」をしている場合《ばあい》もありますよ。

3日目

名前

あるある五七五 ④

1 次《つぎ》の五七五《ごしちご》を読《よ》んで、□の中《なか》の漢字《かんじ》を書《か》きましょう。

⑯ □《にが》い □《あじ》 お□《くすり》□《ふく》用《よう》 あわブクブク

⑰ □《どう》□《ぶつ》の □《あん》楽《らく》□《し》には □《はん》□《たい》だ

⑱ せを□《そ》らす □《はしら》でツメとぐ □《しゅう》せいだ

⑲ □《しゃ》□《しん》見《み》せ □《かん》□《そう》たずね □《そう》□《だん》す

⑳ ほごネコの □《しょう》□《そく》□《と》うて □《あん》心《しん》した

3日目　にゃんこ豆知しき ③

『里親《さとおや》になるのは、えんのあるネコと』

② 今日《きょう》のにゃんこ豆知《まめち》しきを読《よ》んでみよう！

写真見《しゃしんみ》せ　感想《かんそう》たずね　相談《そうだん》す

里親《さとおや》ぼ集《しゅう》のサイトを見《み》ると、かわいい写真《しゃしん》がいっぱい。

ほご活動《かつどう》をするシェルターには、新《あたら》しい家族《かぞく》を待《ま》っているネコがたくさんいます。

相談《そうだん》して会《あ》いに行《い》ったら、お目当《めあ》てのネコはいやがって出《で》てこなかったけれど、他《ほか》の子《こ》が足《あし》にすりついてきて、その子《こ》を引《ひ》き取《と》るなんてことも。

ネコとの相《あい》しょうもありますし、それも「ごえん」ですね。

4日目

④のかくにん

／23点

名前

1 次《つぎ》の五七五《ごしちご》を読《よ》んで、□の中《なか》の漢字《かんじ》を書《か》きましょう。

⑯ □《にが》い　□《あじ》お□《くすり》□《ふく》用《よう》　あわブクブク

⑰ □《どう》□《ぶつ》の　□《あん》楽《らく》□《し》には　□《はん》□《たい》だ

⑱ せを□《そ》らす　□《はしら》でツメとぐ　□《しゅう》せいだ

⑲ □《しゃ》□《しん》見《み》せ　□《かん》□《そう》たずね　□《そう》□《だん》す

⑳ ほごネコの　□《しょう》□《そく》□《と》うて　□《あん》心《しん》した

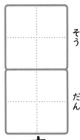

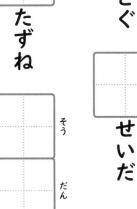

4日目 けん定問題

にゃんこ豆知《まめち》しきけん定《てい》④

3点

2 にゃんこ豆知《まめち》しきのけん定問題《ていもんだい》にちょうせん！

① ネコに薬《くすり》を飲《の》ませるとき、のどに引《ひ》っかからないようにどうする？

□《みず》を飲《の》ませる

② ツメとぎには、ツメをするどくする他《ほか》にどんなこうかがある？

マーキングや、□□□□□するこうか

③ ほご活動《かつどう》をするシェルターには、どんなネコがたくさんいる？

新《あたら》しい□《か》□《ぞく》を待《ま》っているネコ

1日目　　名前

あるある五七五 ⑤

次《つぎ》の五七五《ごしちご》を読《よ》んで、□の中《なか》の漢字《かんじ》をなぞりましょう。

㉑ 横《よこ》丁《ちょう》で　曲《ま》がった黒《くろ》ネコ　追《お》いかける

㉒ 宿《しゅく》題《だい》を　急《いそ》いで終《お》わらせ　遊《あそ》ぼうよ

㉓ 箱《はこ》見《み》つけ　せまい所《ところ》に　身《み》をひそめ

㉔ 指《ゆび》先《さき》に　鼻《はな》を近《ちか》づけ　感《かん》じ取《と》る

㉕ 洋《よう》を問《と》わず　平《へい》和《わ》がすきさ　ネコだって

1日目　にゃんこ豆知しき①

『ネコはやっぱり気《き》まぐれ屋《や》さん』

2 今日《きょう》のにゃんこ豆知《まめち》しきを読《よ》んでみよう！

宿題《しゅくだい》を　急《いそ》いで終《お》わらせ　遊《あそ》ぼうよ

ネコが待《ま》っていると思《おも》って急《いそ》いで勉強《べんきょう》したのに、その間《あいだ》にどこかに行《い》ってしまったり、ねてしまっていたり。

ネコは本当《ほんとう》に気《き》まぐれです。

よろこぶと思《おも》って買《か》ったおもちゃも、すぐあきてしまった……なんてことも。

でも、それはおもちゃそのものにあきたのではなく、動《うご》かし方《かた》が物足《ものた》りなかったのかもしれません。

生《い》き物《もの》の動《うご》きをまねて、動《うご》かしてあげると、む中《ちゅう》で遊《あそ》びだすこともありますよ。

2日目

名前

あるある五七五 ⑤

1 次《つぎ》の五七五《ごしちご》を読《よ》んで、□の中《なか》の漢字《かんじ》を書《か》きましょう。

㉑ □《よこ》□《ちょう》で　□《ま》がった黒《くろ》ネコ　□《お》いかける

㉒ □《しゅく》□《だい》を　□《いそ》いで□《お》わらせ　□《あそ》ぼうよ

㉓ □《はこ》見《み》つけ　せまい□《ところ》に　□《み》をひそめ

㉔ □《ゆび》先《さき》に　□《はな》を近《ちか》づけ　□《かん》じ□《と》る

㉕ □《よう》を□《と》わず　□《へい》□《わ》がすきさ　ネコだって

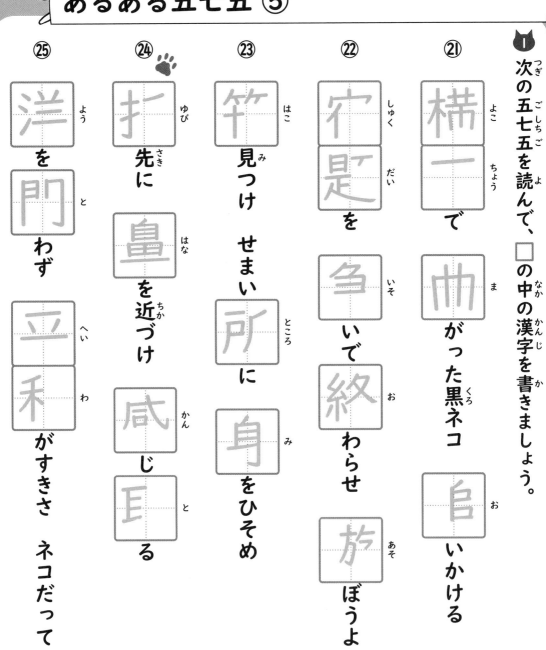

2日目 にゃんこ豆知しき ②

『鼻《はな》チューはごあいさつ！』

② 今日《きょう》のにゃんこ豆知《まめち》しきを読《よ》んでみよう！

指先《ゆびさき》に　鼻《はな》を近《ちか》づけ　感《かん》じ取《と》る

人《ひと》は、目《め》で見《み》てじょうほうをえていますが、ネコはにおいと音《おと》でまわりのじょうほうを集《あつ》めています。

てきと味方《みかた》をにおいでかぎわけます。

ネコ同《どう》しなら、においの交《こう》かんがごあいさつになります。

おたがいの体調《たいちょう》などもわかるそうですよ。

かい主《ぬし》が指《ゆび》を出《だ》すと近《ちか》よってきてにおいをかぐのは、「元気《げんき》かな？」と気《き》にしてくれているのかもしれませんね。

3日目

名前

あるある五七五 ⑤

1 次《つぎ》の五七五《ごしちご》を読《よ》んで、□の中《なか》の漢字《かんじ》を書《か》きましょう。

㉑ □《よこ》□《ちょう》で □《ま》がった黒《くろ》ネコ □《お》いかける

㉒ □《しゅく》□《だい》を □《いそ》いで□《お》わらせ □《あそ》ぼうよ

㉓ □《はこ》見《み》つけ せまい□《ところ》に □《み》をひそめ

㉔ □《ゆび》先《さき》に □《はな》を近《ちか》づけ □《かん》じ□《と》る

㉕ □《よう》を□《と》わず □《へい》□《わ》がすきさ ネコだって

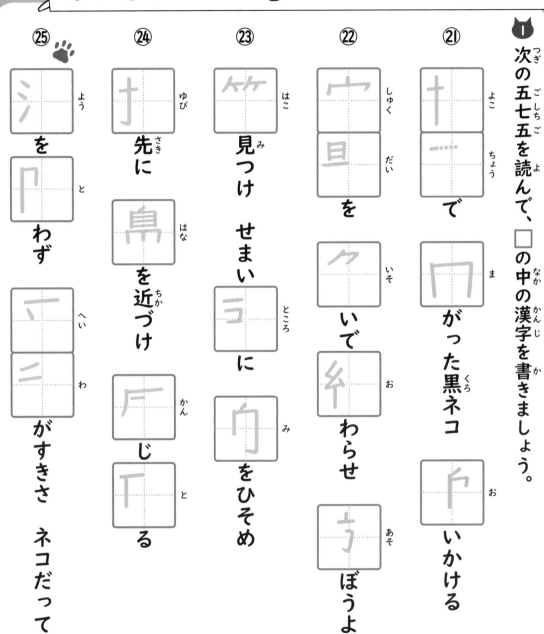

3日目 にゃんこ豆知しき ③

『パトロールでへん化《か》を見《み》つける』

2 今日《きょう》のにゃんこ豆知《まめち》しきを読《よ》んでみよう！

洋《よう》を問《と》わず　平和《へいわ》が好《す》きさ　ネコだって

ネコは毎日《まいにち》、自分《じぶん》のなわばりをパトロールしています。家《いえ》のまどから外《そと》をながめていることもあります。

なぜそんなことをするのかというと、ネコはへん化《か》を苦手《にがて》としているから。「何《なに》かへんなことはないかな？」と気《き》にしてまわっているのです。同《おな》じように、引《ひ》っこしや部屋《へや》の家具《かぐ》を動《うご》かされるのも本当《ほんとう》は苦手《にがて》です。

かわらないことがネコにとっては安《あん》心《しん》なんですね。

4日目

⑤のかくにん

／20点

名前

1 次《つぎ》の五七五《ごしちご》を読《よ》んで、□の中《なか》の漢字《かんじ》を書《か》きましょう。

㉑ □《よこ》□《ちょう》で　□《ま》がった黒《くろ》ネコ　□《お》いかける

㉒ □《しゅく》□《だい》を　□《いそ》いで□《お》わらせ　□《あそ》ぼうよ

㉓ □《はこ》見《み》つけ　せまい□《ところ》に　□《み》をひそめ

㉔ □《ゆび》先《さき》に　□《はな》を近《ちか》づけ　□《かん》じ□《と》る

㉕ □《よう》を□《と》わず　□《へい》□《わ》がすきさ　ネコだって

4日目 けん定問題

にゃんこ豆《まめ》知《ち》しきけん定《てい》⑤

3点

2 にゃんこ豆《まめ》知《ち》しきのけん定問題《ていもんだい》にちょうせん！

① ネコがおもちゃにあきてしまったとき、どう動《うご》かす？

□《い》□□《もの》の動《うご》きをまねて動《うご》かす

② ネコは、どうやってじょうほうを集《あつ》めている？

□□□と音《おと》で集《あつ》めている

③ ネコが、なわばりをパトロールするのはなぜ？

「何《なに》か□□□ことはないかな？」と気《き》にしている

1日目

名前

あるある五七五 ⑥

1 次《つぎ》の五七五《ごしちご》を読《よ》んで、□の中《なか》の漢字《かんじ》をなぞりましょう。

㉖ 湖《みずうみ》の 美《うつく》しい島《しま》 ネコが住《す》む

㉗ トイレして 畑《はたけ》をほったが 悪《あく》意《い》なし

㉘ 鉄《てつ》のドア 開《あ》けられないよ 歯《は》やツメで

㉙ 両《りょう》耳《みみ》を 真《ま》横《よこ》に向《む》けて 曲《きょく》を聞《き》く

㉚ 農《のう》場《じょう》で かりの練《れん》習《しゅう》 羊《ひつじ》追《お》う

1日目　にゃんこ豆知しき ①

『すなかけは、においをかくすため』

② 今日《きょう》のにゃんこ豆知《まめち》しきを読《よ》んでみよう！

トイレして　畑《はたけ》をほったが　悪意《あくい》なし

ネコがトイレの後《あと》、ザッザッと一《いっ》生《しょう》けん命《めい》にすなをかけるところを見《み》たことはありませんか？

とてもかわいらしいですが、実《じつ》は大《だい》事《じ》な意味《いみ》があるんです。トイレの後《あと》にはどうしてもにおいがしてしまうもの。そのにおいを消《け》しているのです。自分《じぶん》のそんざいを、てきやえ物《もの》に知《し》られないようにする野生《やせい》の本《ほん》のうなのです。

昔《むかし》はこっそりひそんでいたので、うめてかくそうとしているんですね。

2日目

名前

あるある五七五 ⑥

1 次《つぎ》の五七五《ごしちご》を読《よ》んで、□の中《なか》の漢字《かんじ》を書《か》きましょう。

㉖ □《みずうみ》の □《うつく》しい□《しま》 ネコが□《す》む

㉗ トイレして □《はたけ》をほったが □《あく》□《い》なし

㉘ □《てつ》のドア □《あ》けられないよ □《は》やツメで

㉙ □《りょう》耳《みみ》を □《ま》□《よこ》に□《む》けて □《きょく》を聞《き》く

㉚ □《のう》場《じょう》で かりの□《れん》□《しゅう》 □《ひつじ》□《お》う

2日目 にゃんこ豆知しき ②

『ドアの開《あ》け方《かた》をおぼえちゃう』

② 今日《きょう》のにゃんこ豆知《まめち》しきを読《よ》んでみよう！

鉄《てつ》のドア　開《あ》けられないよ　歯《は》やツメで

家《いえ》のドアを上手《じょうず》に自分《じぶん》で開《あ》けて出入《でい》りするネコがいますね。

実《じつ》はあれ、ネコが人《ひと》をよく見《み》ているしょうこ。

ドアノブを使《つか》ってどうやって開《あ》けているのか、人《ひと》の動作《どうさ》を見《み》ておぼえてしまったんです。

自分《じぶん》では開《あ》けずに、人《ひと》や兄弟《きょうだい》が開《あ》けてくれるのを待《ま》つというネコもいます。

そんなネコは「開《あ》けてもらう方《ほう》が楽《らく》」と学《まな》んだのかもしれません。

3日目

名前

あるある五七五 ⑥

1 次《つぎ》の五七五《ごしちご》を読《よ》んで、□の中《なか》の漢字《かんじ》を書《か》きましょう。

㉖ □《みずうみ》の □《うつく》しい □《しま》 ネコが □《す》む

㉗ トイレして □《はたけ》をほったが □《あく》□《い》なし

㉘ □《てつ》のドア □《あ》けられないよ □《は》やツメで

㉙ □《りょう》耳《みみ》を □《ま》□《よこ》に □《む》けて □《きょく》を聞《き》く

㉚ □《のう》場《じょう》で かりの □《れん》□《しゅう》 □《ひつじ》□《お》う

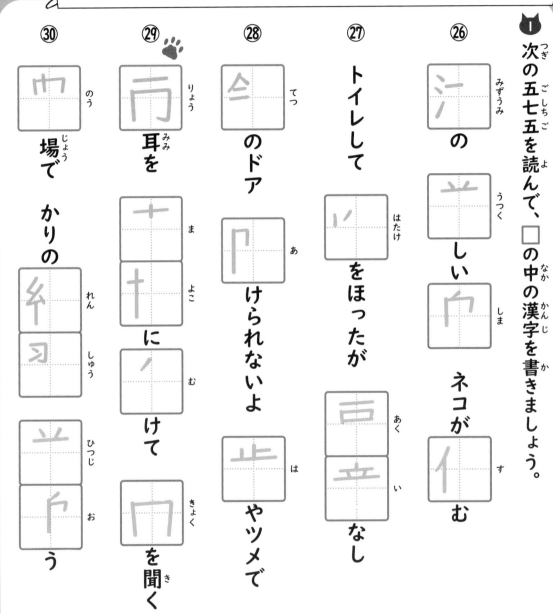

3日目　にゃんこ豆知しき ③

『ネコの耳《みみ》はすごい耳《みみ》』

❷ 今日《きょう》のにゃんこ豆知《まめち》しきを読《よ》んでみよう！

両耳《りょうみみ》を　真横《まよこ》に向《む》けて　曲《きょく》を聞《き》く

大《おお》きなネコの耳《みみ》は、人間《にんげん》とちがってよく動《うご》きます。

顔《かお》は動《うご》かさずにかた耳《みみ》だけ、気《き》になる方《ほう》に向《む》けているのも見《み》かけますね。

耳《みみ》を、左右《さゆう》バラバラに動《うご》かすことができる理由《りゆう》は、耳《みみ》に二十七《にじゅうなな》ものきん肉《にく》があるからなのだそう。

また、犬《いぬ》の二倍《にばい》、人間《にんげん》の五倍《ごばい》い上《じょう》の音《おと》が聞《き》こえているのだとか。

音《おと》がする方向《ほうこう》や自分《じぶん》とその音《おと》とのきょりなども、かなり正《ただ》しく聞《き》きとれているそうです。

4日目

⑥のかくにん

/20点

名前

1 次《つぎ》の五七五《ごしちご》を読《よ》んで、□の中《なか》の漢字《かんじ》を書《か》きましょう。

㉖ □《みずうみ》の　□《うつく》しい□《しま》　ネコが□《す》む

㉗ トイレして　□《はたけ》をほったが　□《あく》□《い》なし

㉘ □《てつ》のドア　□《あ》けられないよ　□《は》やツメで

㉙ □《りょう》耳《みみ》を　□《ま》□《よこ》に□《む》けて　□《きょく》を聞《き》く

㉚ 場《じょう》で　かりの□《れん》□《しゅう》　□《ひつじ》□《お》う

4日目 けん定問題

にゃんこ豆《まめ》知《ち》しきけん定《てい》⑥

3点

2 にゃんこ豆《まめ》知《ち》しきのけん定問題《ていもんだい》にちょうせん！

① ネコがトイレの後《あと》、一生《いっしょう》けん命《めい》すなをかけるのはどうして？

トイレの後《あと》には□□□がしてしまうから

② ネコは、何《なに》を見《み》てドアの開《あ》け方《かた》をおぼえた？

人《ひと》の□《どう》□《さ》

③ ネコの耳《みみ》には、いくつのきん肉《にく》がある？

□《に》□《じゅう》□《なな》ものきん肉《にく》がある

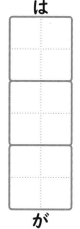

1日目

名前

あるある五七五 ⑦

1 次《つぎ》の五《ご》七《しち》五《ご》を読《よ》んで、□の中《なか》の漢字《かんじ》をなぞりましょう。

㉛ も様《よう》見《み》て　親《おや》子《こ》のかん係《けい》　実《じっ》感《かん》す

㉜ 行水《ぎょうずい》は　お湯《ゆ》の温《おん》度《ど》に　気《き》をつけて

㉝ ひと一《いち》倍《ばい》　味《あじ》にうるさい　にゃんこ様《さま》

㉞ じゅう医《い》さん　命《いのち》を助《たす》ける　仕《し》事《ごと》だよ

㉟ 申《もう》しこみ　正《せい》式《しき》決《けっ》定《てい》　もう家《か》族《ぞく》

1日目 にゃんこ豆知しき ①

『ネコとおふろ』

2 今日《きょう》のにゃんこ豆知《まめち》しきを読《よ》んでみよう！

行水《ぎょうずい》は　お湯《ゆ》の温度《おんど》に　気《き》をつけて

ネコはきれいずきな動物《どうぶつ》です。自分《じぶん》で毛《け》づくろいをして、いつもきれいなじょうたいにしています。だから、人《ひと》のように毎日《まいにち》おふろに入《はい》るひつようはありません。

それにネコは水《みず》が苦手《にがて》なので、おふろはストレスになってしまいます。どうしても入《い》れる場合《ばあい》には、三十五《さんじゅうご》度《ど》くらいのぬるま湯《ゆ》がおすすめ。

毛《け》をかわかすときは、ドライヤーの風《かぜ》で目《め》をいためてしまうことがあるので、顔面《がんめん》に風《かぜ》を当《あ》ててはダメです。

2日目

名前

あるある五七五 ⑦

次《つぎ》の五七五《ごしちご》を読《よ》んで、□の中《なか》の漢字《かんじ》を書《か》きましょう。

㉛ も□《よう》見《み》て 親子《おやこ》のかん□《けい》 □《じっ》□《かん》す

㉜ 行水《ぎょうずい》は お□《ゆ》の□《おん》□《ど》に 気《き》をつけて

㉝ ひと一《いち》□《ばい》 □《あじ》にうるさい にゃんこ□《さま》

㉞ じゅう□《い》さん □《いのち》を□《たす》ける □《し》□《ごと》だよ

㉟ □《もう》しこみ 正《せい》□《しき》□《けっ》□《てい》 もう家《か》□《ぞく》

2日目 にゃんこ豆知しき②

『ネコは味《あじ》にうるさいグルメさん』

2 今日《きょう》のにゃんこ豆知《まめち》しきを読《よ》んでみよう!

ひと一倍《いちばい》　味《あじ》にうるさい　ニャンコ様《さま》

せっかくごはんを出《だ》したのに、においをかいだ後《あと》、プイッといなくなってしまうこと、よくありますよね。

「何《なに》がダメなの?」と聞《き》きたくなりますが、ネコは教《おし》えてくれません。

グルメといわれるネコのきじゅんは、なんと味《あじ》よりもにおいなんだとか。

ネコは鼻《はな》がいいので、においで食《た》べてもよいかを決《き》めるんですね。

ただ、タイミングがちがっただけで同《おな》じごはんでも食《た》べることがあります。

気分屋《きぶんや》さんなのです。

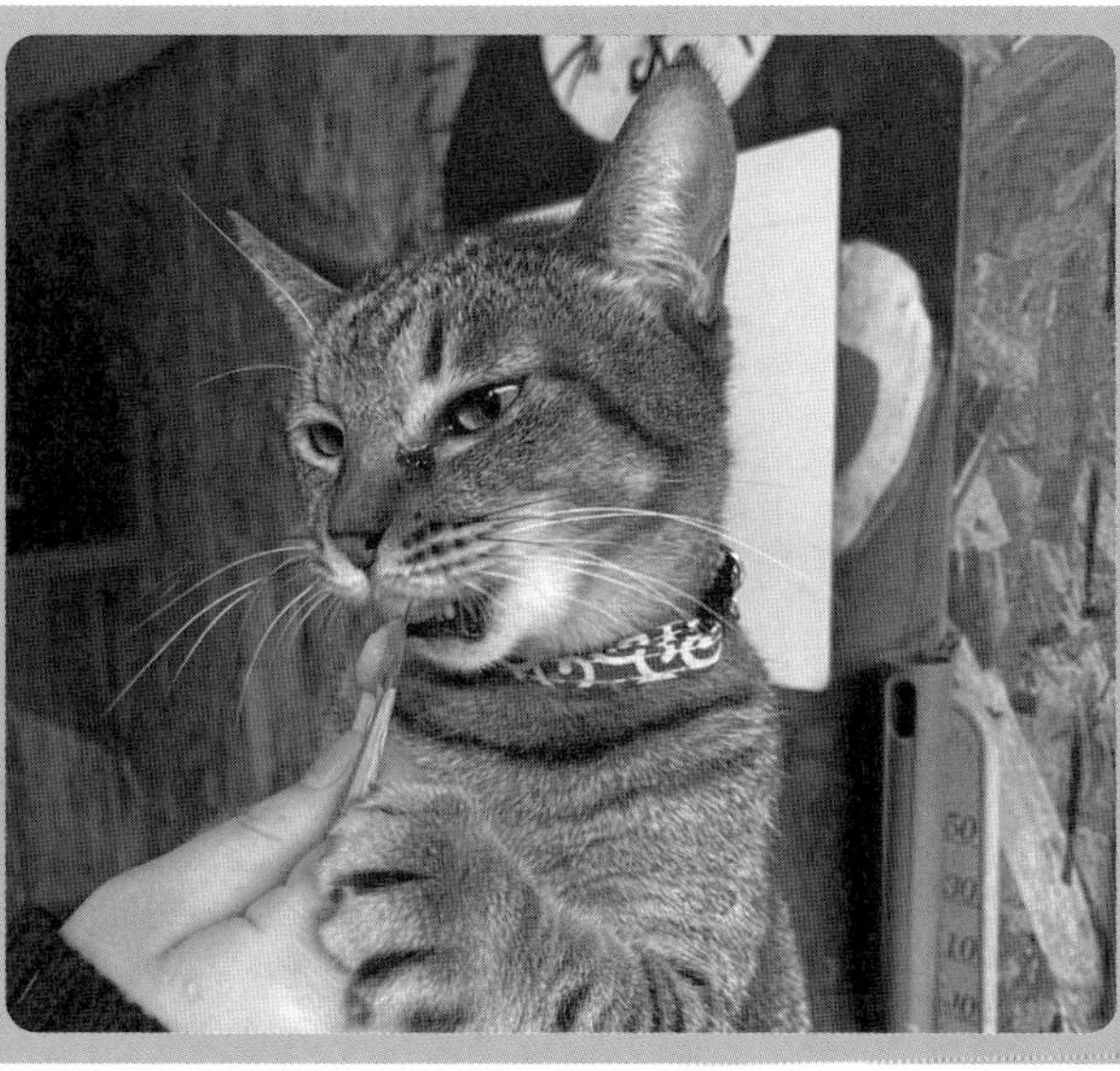

3日目

名前

あるある五七五 ⑦

1 次《つぎ》の五七五《ごしちご》を読《よ》んで、□の中《なか》の漢字《かんじ》を書《か》きましょう。

㉛ も□《よう》見《み》て 親子《おやこ》のかん□《けい》 □《じっ》□《かん》す

㉜ 行水《ぎょうずい》は お□《ゆ》の □《おん》□《ど》に 気《き》をつけて

㉝ ひと一《いち》□《ばい》 □《あじ》にうるさい にゃんこ□《さま》

㉞ じゅう□《い》さん □《いのち》を□《たす》ける □《し》□《ごと》だよ

㉟ □《もう》しこみ 正《せい》□《しき》□《けっ》□《てい》 もう家《か》□《ぞく》

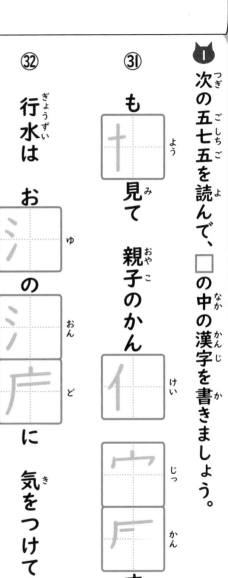

3日目 にゃんこ豆知しき ③

『じゅう医《い》さんとねこ』

② 今日《きょう》のにゃんこ豆知《まめち》しきを読《よ》んでみよう！

じゅう医《い》さん　命《いのち》を助《たす》ける　仕事《しごと》だよ

身近《みぢか》な動物《どうぶつ》ながら野生《やせい》の本《ほん》のうをのこしているネコは、調子《ちょうし》が悪《わる》いときでも平気《へいき》な顔《かお》をしています。

これは、弱《よわ》ったところを見《み》せると、てきにねらわれるからです。

そんなときは、かい主《ぬし》からもはなれてじっとしているネコが多《おお》いです。

人《ひと》が気《き》づくころには、がまんできないほど弱《よわ》っていることもめずらしくないので、いつもとちがうと思《おも》ったら早《はや》めにじゅう医《い》さんにみてもらいましょう。

4日目

⑦のかくにん

／20点

名前

1 次《つぎ》の五七五《ごしちご》を読《よ》んで、□の中《なか》の漢字《かんじ》を書《か》きましょう。

㉛ も□《よう》見《み》て 親子《おやこ》のかん□《けい》 □《じっ》□《かん》す

㉜ 行水《ぎょうずい》は お□《ゆ》の□《おん》□《ど》に 気《き》をつけて

㉝ ひと一《いち》□《ばい》 □《あじ》にうるさい にゃんこ□《さま》

㉞ じゅう□《い》さん □《いのち》を□《たす》ける □《し》□《ごと》だよ

㉟ □《もう》しこみ 正《せい》□《しき》□《けっ》□《てい》 もう家《か》□《ぞく》

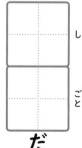

にゃんこ豆知《まめち》しきけん定《てい》⑦

3点

2 にゃんこ豆知《まめち》しきのけん定問題《ていもんだい》にちょうせん！

① ドライヤーを、ネコの顔《かお》に当《あ》ててはいけない理由《りゆう》は？

ドライヤーの［　　］《かぜ》で［　　］《め》をいためてしまうことがあるから

② 鼻《はな》がいいネコの、ごはんを食《た》べるきじゅんは？

味《あじ》よりも［　　　］

③ 野生《やせい》の本《ほん》のうをのこしているネコは、調子《ちょうし》が悪《わる》いときでもどうする？

［　］《へい》［　］《き》［　］顔《かお》をしている

1日目

名前

あるある五七五 ⑧

1 次《つぎ》の五七五《ごしちご》を読《よ》んで、□の中《なか》の漢字《かんじ》をなぞりましょう。

㊱ 泳《およ》げない 橋《はし》から落《お》ちて 流《なが》される

㊲ それ急《いそ》げ 小《ちい》さな命《いのち》を 守《まも》るため

㊳ 肉《にく》球《きゅう》を 指《ゆび》でふれると 気《き》持《も》ちいい

㊴ 暗《くら》い部《へ》屋《や》 ネコの目《め》光《ひか》る 緑《みどり》色《いろ》

㊵ 洋《よう》館《かん》の 庭《にわ》を自《じ》由《ゆう》に さん歩《ぽ》する

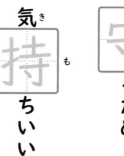

1日目 にゃんこ豆知しき ①

『ネコは泳《およ》ぎが苦手《にがて》』

2 今日《きょう》のにゃんこ豆知《まめち》しきを読《よ》んでみよう！

泳《およ》げない　橋《はし》から落《お》ちて　流《なが》される

泳《およ》ぐのがとく意《い》な犬《いぬ》に対《たい》して、ネコは水《みず》にぬれることさえも苦手《にがて》です。

ネコの毛《け》は、一度《いちど》ぬれるとかわきにくいからでもあります。

ぬれることで体温《たいおん》が下《さ》がってしまうので、体温《たいおん》のへん化《か》に弱《よわ》いネコにとっては命《いのち》にかかわることなんですね。

ただ、中《なか》にはそんなことを気《き》にもせず、泳《およ》げるネコもいます。

ベンガルやメインクーン、サイベリアンなどは、水《みず》の中《なか》でかかりをおこないます。

2日目

名前

あるある五七五 ⑧

1 次《つぎ》の五七五《ごしちご》を読《よ》んで、□の中《なか》の漢字《かんじ》を書《か》きましょう。

㊱ □《およ》げない □《はし》から□《お》ちて □《なが》される

㊲ それ□《いそ》げ 小《ちい》さな□《いのち》を □《まも》るため

㊳ 肉《にく》□《きゅう》を □《ゆび》でふれると 気《き》□《も》ちいい

㊴ □《くら》い□《へ》□《や》 ネコの目《め》光《ひか》る □《みどり》色《いろ》

㊵ □《よう》□《かん》の □《にわ》を自《じ》□《ゆう》に さん歩《ぽ》する

2日目 にゃんこ豆知しき ②

『ふみふみするのはリラックス中《ちゅう》』

2 今日《きょう》のにゃんこ豆知《まめち》しきを読《よ》んでみよう！

肉球《にくきゅう》を 指《ゆび》でふれると 気持《きも》ちいい

スタンプによくあるかわいい形《かたち》といえば、ネコの肉球《にくきゅう》ですよね。

プニプニしていて、ついついさわりたくなってしまいますが、意外《いがい》とかたさもあります。

あの肉球《にくきゅう》で、クッションやかい主《ぬし》のおなかをふみふみします。

これは実《じつ》はリラックスしているときの行動《こうどう》で、お母《かあ》さんのおちちを飲《の》んでいたときの動作《どうさ》なんだそうです。

子《こ》ネコ気分《きぶん》でかい主《ぬし》にあまえていて、ごきげんなサインでもあります。

3日目

名前

あるある五七五 ⑧

1 次《つぎ》の五七五《ごしちご》を読《よ》んで、□の中《なか》の漢字《かんじ》を書《か》きましょう。

㊱ □《およ》げない　□《はし》から□《お》ちて　□《なが》される

㊲ それ□《いそ》げ　小《ちい》さな□《いのち》を　□《まも》るため

㊳ 肉《にく》□《きゅう》を　□《ゆび》でふれると　気《き》□《も》ちいい

㊴ □《くら》い□《へ》□《や》　ネコの目《め》光《ひか》る　□《みどり》色《いろ》

㊵ □《よう》□《かん》の　□《にわ》を自《じ》□《ゆう》に　さん歩《ぽ》する

3日目 にゃんこ豆知しき ③

『暗《くら》やみとネコの目《め》』

2 今日《きょう》のにゃんこ豆知《まめち》しきを読《よ》んでみよう！

暗《くら》い部屋《へや》　ネコの目《め》光《ひか》る　緑色《みどりいろ》

ネコをミステリアスに見《み》せるものの一《ひと》つが、あのきれいな目《め》。ネコずきでも、暗《くら》やみで光《ひか》る目《め》をこわいと感《かん》じたことがあるかもしれません。

あの光《ひか》る目《め》は、人《ひと》とはちがう目《め》の仕《し》組《く》みによるそうです。

暗《くら》い中《なか》でかりをするネコの目《め》には、光《ひかり》をより多《おお》く集《あつ》める細《さい》ぼうがあります。暗《くら》いところでは黒目《くろめ》を太《ふと》くして光《ひかり》を集《あつ》め、その細《さい》ぼうに光《ひかり》を反《はん》しゃさせることで、目《め》が光《ひか》って見《み》えるのです。

4日目

⑧のかくにん

／18点

名前

1 次《つぎ》の五七五《ごしちご》を読《よ》んで、□の中《なか》の漢字《かんじ》を書《か》きましょう。

㊱ □《およ》げない　□《はし》から□《お》ちて　□《なが》される

㊲ それ□《いそ》げ　小《ちい》さな□《いのち》を　□《まも》るため

㊳ 肉《にく》□《きゅう》を　□《ゆび》でふれると　気《き》□《も》ちいい

㊴ □《くら》い□《へ》□《や》　ネコの目《め》光《ひか》る　□《みどり》色《いろ》

㊵ □《よう》□《かん》の　□《にわ》を自《じ》□《ゆう》に　さん歩《ぽ》する

4日目 けん定問題

にゃんこ豆《まめ》知《ち》しきけん定《てい》⑧

／3点

2 にゃんこ豆《まめ》知《ち》しきのけん定問題《ていもんだい》にちょうせん！

① ネコはぬれると、体《からだ》にどんなへんかがある？

体温《たいおん》が□《さ》□□□しまう

② ネコが、ふみふみするのはどんなとき？

□□□□□しているとき

③ 暗《くら》いところで、ネコの目《め》はどうなる？

黒目《くろめ》を□《ふと》□して光《ひかり》を集《あつ》める

1日目

名前

あるある五七五 ⑨

1 次《つぎ》の五七五《ごしちご》を読《よ》んで、□の中《なか》の漢字《かんじ》をなぞりましょう。

㊶ 整列《せいれつ》し　全員《ぜんいん》そろって　エサを待《ま》つ

㊷ 放送《ほうそう》や　SNS《えすえぬえす》で　人気《にんき》者《もの》

㊸ 寒《さむ》い冬《ふゆ》　湯《ゆ》たんぽみたいに　温《あたた》かい

㊹ 暑《あつ》い夏《なつ》　太陽《たいよう》さけて　氷《こおり》なめる

㊺ 高級《こうきゅう》な　毛皮《けがわ》と同《おな》じで　暑《あつ》そうだ

1日目 にゃんこ豆知しき ①

『習《しゅう》かんをおぼえる』

2 今日《きょう》のにゃんこ豆知《まめち》しきを読《よ》んでみよう！

整列《せいれつ》し　全員《ぜんいん》そろって　エサを待《ま》つ

よく、ネコより犬《いぬ》の方《ほう》がかしこいといわれたりしますが、ネコだってなかなか頭《あたま》のいい動物《どうぶつ》です。

毎日《まいにち》人《ひと》を見ているネコは、人《ひと》の行動《こうどう》やその時間《じかん》をおぼえていきます。

「この時間《じかん》にこの場所《ばしょ》に行《い》ったらごはん」や「もうそろそろ帰《かえ》ってくるかな？」などです。

一《いっ》ぴきがそうやって待《ま》つようになったら、いつの間《ま》にかみんなの習《しゅう》かんになってしまった、なんてこともネコあるあるです。

2日目

名前

あるある五七五 ⑨

次《つぎ》の五七五《ごしちご》を読《よ》んで、□の中《なか》の漢字《かんじ》を書《か》きましょう。

㊶ □《せい》□《れつ》し □《ぜん》□《いん》そろって エサを□《ま》つ

㊷ □《ほう》□《そう》や S《えす》N《えぬ》S《えす》で 人《にん》気《き》□《もの》

㊸ □《さむ》い冬《ふゆ》 □《ゆ》たんぽみたいに □《あたた》かい

㊹ □《あつ》い夏《なつ》 太《たい》□《よう》さけて □《こおり》なめる

㊺ 高《こう》□《きゅう》な 毛《け》□《がわ》と同《おな》じで □《あつ》そうだ

2日目　にゃんこ豆知しき②

『ネコの体温《たいおん》は三十八度《さんじゅうはちど》くらい』

2 今日《きょう》のにゃんこ豆知《まめち》しきを読《よ》んでみよう！

寒《さむ》い冬《ふゆ》　湯《ゆ》たんぽみたいに　温《あたた》かい

ネコは人《ひと》にくらべて体温《たいおん》が高《たか》く、三十八度《さんじゅうはちど》くらいあるのがふつうです。

ネコをだっこしたときに、いつも温《あたた》かいのもなっとくですね。

ネコの体温《たいおん》をはかるときは、人間用《にんげんよう》の電子体温計《でんしたいおんけい》の先《さき》にラップをまいておしりのあなに入《い》れてはかります。

入《はい》りにくいときは、ベビーオイルやワセリンをぬりましょう。

おしりがむずかしいときは、耳《みみ》ではかるペット用《よう》の体温計《たいおんけい》も売《う》っていますよ。

3日目

名前

あるある五七五 ⑨

1 次《つぎ》の五七五《ごしちご》を読《よ》んで、□の中《なか》の漢字《かんじ》を書《か》きましょう。

㊶ □《せい》□《れつ》し　□《ぜん》□《いん》そろって　エサを□《ま》つ

㊷ □《ほう》□《そう》や　S《えす》N《えぬ》S《えす》で　人気《にんき》□《もの》

㊸ □《さむ》い冬《ふゆ》　□《ゆ》たんぽみたいに　□《あたた》かい

㊹ □《あつ》い夏《なつ》　太《たい》□《よう》さけて　□《こおり》なめる

㊺ 高《こう》□《きゅう》な　毛《け》□《がわ》と同《おな》じで　□《あつ》そうだ

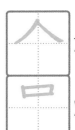

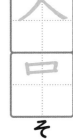

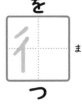

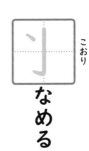

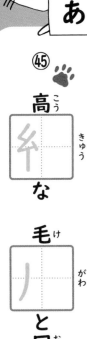

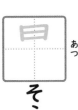

3日目 にゃんこ豆知しき ③

『ネコには夏毛《なつげ》や冬毛《ふゆげ》がある』

2 今日《きょう》のにゃんこ豆知《まめち》しきを読《よ》んでみよう!

高級《こうきゅう》な 毛皮《けがわ》と同《おな》じで 暑《あつ》そうだ

一年中《いちねんじゅう》毛皮《けがわ》のネコ、夏《なつ》は暑《あつ》そうに見《み》えますよね。

でも、ネコの毛《け》は、実《じつ》はきせつによって生《は》えかわっているのです。

人間《にんげん》とちがい、肉球《にくきゅう》にしかあせをかかないネコは、夏毛《なつげ》と冬毛《ふゆげ》の切《き》りかえで体温調《たいおんちょう》せつしています。

夏毛《なつげ》は少《すこ》しかたく、さわるとゴワゴワしていて通気《つうき》せいがよいです。

反対《はんたい》に冬毛《ふゆげ》はやわらかく、フワフワとしていてほ温《おん》せいがあります。

中《なか》には冬毛《ふゆげ》が生《は》えないネコもいます。

4日目

⑨のかくにん

／17点

名前

1 次《つぎ》の五《ご》七《しち》五《ご》を読《よ》んで、□の中《なか》の漢字《かんじ》を書《か》きましょう。

㊶ □《せい》□《れつ》し　□《ぜん》□《いん》そろって　エサを□《ま》つ

㊷ □《ほう》□《そう》や　S《えす》N《えぬ》S《えす》で　人《にん》気《き》□《もの》

㊸ □《さむ》い冬《ふゆ》　□《ゆ》たんぽみたいに　□《あたた》かい

㊹ □《あつ》い夏《なつ》　太《たい》□《よう》さけて　□《こおり》なめる

㊺ 高《こう》□《きゅう》な　毛《け》□《がわ》と同《おな》じで　□《あつ》そうだ

4日目 けん定問題

にゃんこ豆知《まめち》しきけん定《てい》⑨

3点

2 にゃんこ豆知《まめち》しきのけん定問題《ていもんだい》にちょうせん！

① 毎日人《まいにちひと》を見《み》ているネコは、何《なに》をおぼえる？

人《ひと》の［ ］［ ］（こう・どう）や時間《じかん》

② ネコの体温《たいおん》は、ふだん何度《なんど》くらい？

［ ］［ ］［ ］［ ］（さん・じゅう・はち・ど）くらい

③ ネコは、どこにしかあせをかかない？

［ ］［ ］（にく・きゅう）

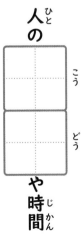

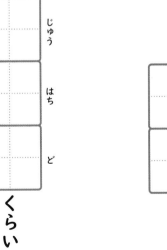

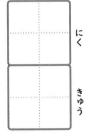

1日目

名前

あるあるある五七五 ⑩

1 次《つぎ》の五七五《ごしちご》を読《よ》んで、□の中《なか》の漢字《かんじ》をなぞりましょう。

㊻ 板《いた》べいを 軽《かる》くジャンプで 乗《の》りこえる

㊼ 植《うえ》木《き》ばち 落《お》としてびっくり 走《はし》り去《さ》る

㊽ ゆうびん局《きょく》 肉《にく》球《きゅう》グッズ 受《う》け取《と》った

㊾ 投《な》げた豆《まめ》 転《ころ》がし追《お》いかけ 遊《あそ》んでる

㊿ 夏《なつ》祭《まつ》り わ投《な》げのしょう品《ひん》 足《あし》つき皿《ざら》

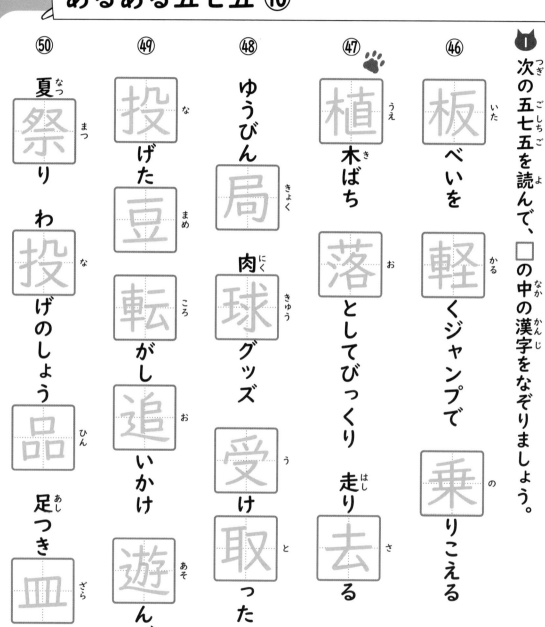

1日目　にゃんこ豆知しき ①

『こわがりなのに、見《み》てみたい』

2 今日《きょう》のにゃんこ豆知《まめち》しきを読《よ》んでみよう！

植木《うえき》ばち　落《お》としてびっくり　走《はし》り去《さ》る

身軽《みがる》なネコでも、ときにおいてあるものに当《あ》たって、落《お》としてしまうことがあります。

それがガラスなどのわれ物《もの》で、わってしまったら、まあ大《たい》へんです。その大《おお》きな音《おと》に、文字通《もじどお》りとび上《あ》がってにげてしまいます。

こわい思《おも》いをするくらいなら、あぶないものに近《ちか》よらなければいいのにと思《おも》いますが、そこはネコのこと。気《き》になったらそばに行《い》ってかくにんせずにはいられないのです。

2日目

名前

あるある五七五 ⑩

1 次《つぎ》の五《ご》七《しち》五《ご》を読《よ》んで、□の中《なか》の漢字《かんじ》を書《か》きましょう。

㊻ □《いた》べいを □《かる》くジャンプで □《の》りこえる

㊼ □《うえ》木《き》ばち □《お》としてびっくり 走《はし》り□《さ》る

㊽ ゆうびん□《きょく》 肉《にく》□《きゅう》グッズ □《う》け□《と》った

㊾ □《な》げた□《まめ》 □《ころ》がし□《お》いかけ □《あそ》んでる

㊿ 夏《なつ》□《まつ》り わ□《な》げのしょう□《ひん》 足《あし》つき□《ざら》

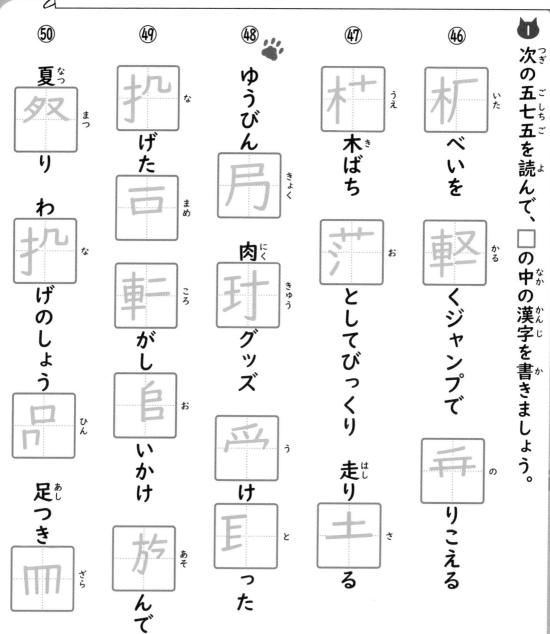

2日目　にゃんこ豆知しき ②

『肉球《にくきゅう》の色《いろ》はピンクだけじゃない』

② 今日《きょう》のにゃんこ豆知《まめち》しきを読《よ》んでみよう！

ゆうびん局《きょく》　肉球《にくきゅう》グッズ　受《う》け取《と》った

みんな大《だい》すきプニプニの肉球《にくきゅう》。グッズになってもやっぱりかわいいですよね。

ネコのトレードマークの肉球《にくきゅう》、何色《なにいろ》とたずねられたら「ピンク！」と答《こた》える人《ひと》が多《おお》いでしょう。

そんなイメージがありますが、実《じっ》さいはネコの毛色《けいろ》によって肉球《にくきゅう》の色《いろ》もさまざま。

毛《け》の色《いろ》が黒《くろ》っぽければ肉球《にくきゅう》の色《いろ》もこくなります。ピンクの他《ほか》には、茶色《ちゃいろ》や黒《くろ》などがあります。

3日目

名前

あるある五七五 ⑩

1 次《つぎ》の五七五《ごしちご》を読《よ》んで、□の中《なか》の漢字《かんじ》を書《か》きましょう。

㊻ □《いた》べいを □《かる》くジャンプで □《の》りこえる

㊼ □《うえ》木《き》ばち □《お》としてびっくり 走《はし》り□《さ》る

㊽ ゆうびん□《きょく》 肉《にく》□《きゅう》グッズ □《う》け□《と》った

㊾ □《な》げた□《まめ》 □《ころ》がし□《お》いかけ □《あそ》んでる

㊿ 夏《なつ》□《まつ》り わ□《な》げのしょう□《ひん》 足《あし》つき□《ざら》

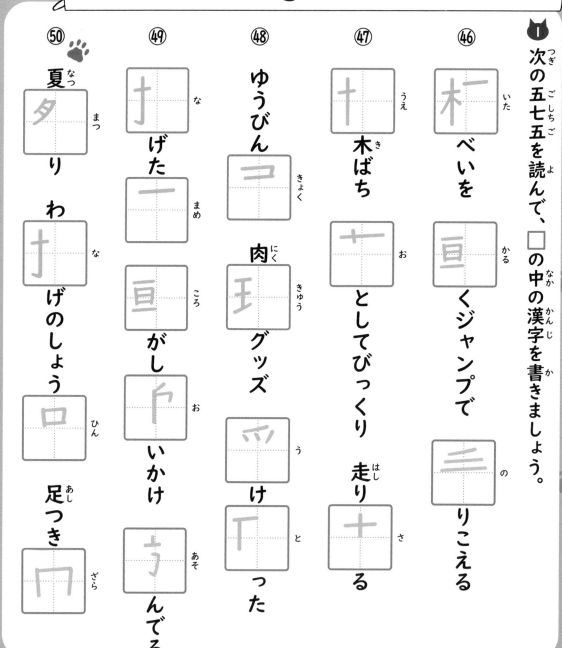

3日目 にゃんこ豆知しき ③

『体《からだ》のために、せの高《たか》い皿《さら》がいい』

みなさんはごはんを食《た》べるとき、どんなお皿《さら》で食《た》べたいですか？

きれいなのはもちろん、食《た》べやすいお皿《さら》がいいですよね。

それは、ネコも同《おな》じことです。

とくにシニア（お年より）ネコには、お皿の高《たか》さが大切《たいせつ》です。

平《ひら》たいお皿《さら》をゆかにおくと、ネコもかがんで頭《あたま》を下《さ》げるのは大《たい》へん。エサをはいてしまう原《げん》いんにもなります。

首《くび》をまっすぐにしたまま食《た》べられる高《たか》さのあるお皿《さら》がおすすめです。

2 今日《きょう》のにゃんこ豆知《まめち》しきを読《よ》んでみよう！

夏祭《なつまつ》り　わ投《な》げのしょう品《ひん》　足《あし》つき皿《ざら》

4日目

⑩のかくにん

/19点

名前

1 次《つぎ》の五七五《ごしちご》を読《よ》んで、□の中《なか》の漢字《かんじ》を書《か》きましょう。

㊻ □《いた》べいを　□《かる》くジャンプで　□《の》りこえる

㊼ □《うえ》木《き》ばち　□《お》としてびっくり　走《はし》り□《さ》る

㊽ ゆうびん□《きょく》　肉《にく》□《きゅう》グッズ　□《う》け□《と》った

㊾ □《な》げた□《まめ》　□《ころ》がし□《お》いかけ　□《あそ》んでる

㊿ 夏《なつ》□《まつ》り　わ□《な》げのしょう□《ひん》　足《あし》つき□《ざら》

4日目 けん定問題

にゃんこ豆《まめ》知《ち》しきけん定《てい》⑩

　／3点

2 にゃんこ豆《まめ》知《ち》しきのけん定問題《ていもんだい》にちょうせん！

① ネコは、気《き》になったら何《なに》をせずにはいられない？

そばに行《い》って □□□□ せずにはいられない

② ネコの肉球《にくきゅう》、ピンクの他《ほか》にどんな色《いろ》がある？

□《ちゃ》□《いろ》 や黒《くろ》などがある

③ ネコに、高《たか》さのあるお皿《さら》がおすすめなのはなぜ？

首《くび》を □□□□□ したまま食《た》べられるから

1日目

名前

あるある五七五 ⑪

1 次《つぎ》の五七五《ごしちご》を読《よ》んで、□の中《なか》の漢字《かんじ》をなぞりましょう。

51 銀《ぎん》パウチ　新《しん》発《はつ》売《ばい》の　商《しょう》品《ひん》だ

52 ネコ一《いっ》ぴき　旅《たび》の詩《し》人《じん》と　坂《さか》を行《ゆ》く

53 宮《みや》ぎ県《けん》　有《ゆう》名《めい》なんだ　田《た》代《しろ》島《じま》

54 油《ゆ》だんなく　くるっと回《かい》転《てん》　急《きゅう》発《はっ》進《しん》

55 漢《かん》字《じ》より　かんたんに感《かん》じた　ネコけん定《てい》

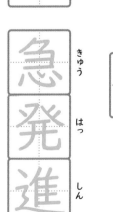

1日目 にゃんこ豆知しき ①

『身近《みぢか》などく　キシリトールガム』

② 今日《きょう》のにゃんこ豆知《まめち》しきを読《よ》んでみよう！

銀《ぎん》パウチ　新発売《しんはつばい》の　商品《しょうひん》だ

他《ほか》は見向《みむ》きもしないネコなのに、そーっとシーチキンのカンを開《あ》けると、足元《あしもと》に来《く》ることがありますよね。

ネコは、ネコ用《よう》フードだけでなく、人《ひと》の食《た》べ物《もの》にもきょう味《み》しんしん。つくえの上《うえ》にある物《もの》を、つい食《た》べてしまうこともあります。

身近《みぢか》なものでこわいのは、キシリトールガム。ネコがすきなミントのにおいがするのでなめたがりますが、食《た》べてしまうと、命《いのち》のきけんがあるので気《き》をつけましょう。

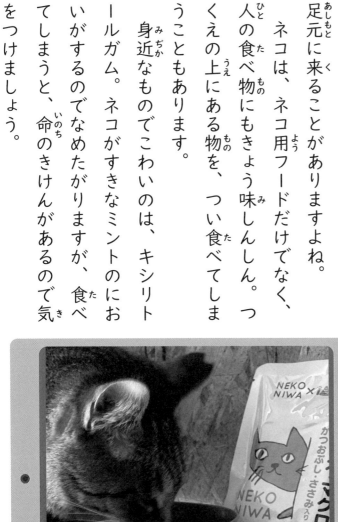

2日目

名前

あるある五七五 ⑪

1 次《つぎ》の五《ご》七《しち》五《ご》を読《よ》んで、□の中《なか》の漢字《かんじ》を書《か》きましょう。

㊿1 → ⑤1

51 □《ぎん》パウチ　新《しん》□《はつ》売《ばい》の　□《しょう》□《ひん》だ

52 ネコ一《いっ》ぴき　□《たび》の□《し》人《じん》と　□《さか》を行《ゆ》く

53 □《みや》ぎ□《けん》　□《ゆう》名《めい》なんだ　田《た》代《しろ》□《じま》

54 □《ゆ》だんなく　くるっと回《かい》□《てん》　□《きゅう》□《はっ》□《しん》

55 □《かん》字《じ》より　かんたんに□《かん》じた　ネコけん□《てい》

2日目 にゃんこ豆知しき②

『急《きゅう》に立《た》ったり、回転《かいてん》したり』

② 今日《きょう》のにゃんこ豆知《まめち》しきを読《よ》んでみよう！

油《ゆ》だんなく くるっと回転《かいてん》 急発進《きゅうはっしん》

身体《しんたい》のう力《りょく》が高《たか》いネコは、人間《にんげん》が思《おも》ってもみないような動《うご》きをします。

ね転《ころ》がっているかと思《おも》ったら、クルッと回転《かいてん》したり、急《きゅう》に走《はし》り出《だ》したり。

中《なか》でも、おもしろいのが立《た》ち上《あ》がるネコ。

「中《なか》に人間《にんげん》が入《はい》っているの？」と言《い》いたくなるほど、見事《みごと》な起立《きりつ》を見《み》せてくれることもあります。

立《た》ち上《あ》がることで、いつもよりまわりをよく見《み》ようとしているそうです。

3日目

名前

あるある五七五 ⑪

1 次《つぎ》の五七五《ごしちご》を読《よ》んで、□の中《なか》の漢字《かんじ》を書《か》きましょう。

⑤① □《ぎん》パウチ　新《しん》□《はつ》売《ばい》の　□《しょう》□《ひん》だ

⑤② ネコ一《いっ》ぴき　□《たび》の□《し》人《じん》と　□《さか》を行《ゆ》く

⑤③ □《みや》ぎ□《けん》　□《ゆう》名《めい》なんだ　田《た》代《しろ》□《じま》

⑤④ □《ゆ》だんなく　くるっと回《かい》□《てん》　□《きゅう》□《はつ》□《しん》

⑤⑤ □《かん》字《じ》より　かんたんに□《かん》じた　ネコけん□《てい》

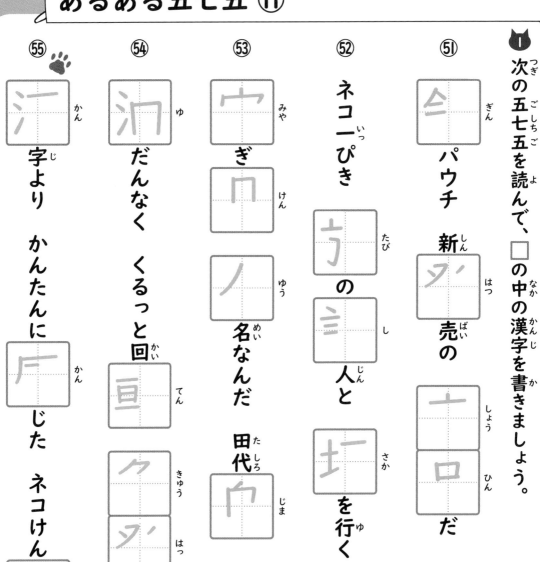

3日目 にゃんこ豆知しき③

『すきなら知《ち》しきがふえていく』

②今日《きょう》のにゃんこ豆知《まめち》しきを読《よ》んでみよう!

漢字《かんじ》より　かんたんに感《かん》じた　ネコけん定《てい》

ネコは身近《みぢか》だけどふしぎな生《い》き物《もの》。そんなネコについてちゃんと知《し》ることは、とってもいいことです。

たとえば、さっきまでなでられて気《き》持《も》ちよさそうにしていたのに、急《きゅう》におこりだしたとき。なぜおこるのかわかりますか?

これは、ネコからの「もう終《お》わり」のサインを見落《みお》とし、なでる時間《じかん》が長《なが》すぎたからだと考《かんが》えられます。

きらいになったわけではないので、また気《き》が向《む》いたら近《ちか》づいてきますよ。

4日目

⑪のかくにん

／19点

名前

1 次《つぎ》の五七五《ごしちご》を読《よ》んで、□の中《なか》の漢字《かんじ》を書《か》きましょう。

51 □《ぎん》パウチ　新《しん》□《はつ》売《ばい》の　□《しょう》□《ひん》だ

52 ネコ一《いっ》ぴき　□《たび》の□《し》人《じん》と　□《さか》を行《ゆ》く

53 □《みや》ぎ□《けん》　□《ゆう》名《めい》なんだ　田《た》代《しろ》□《じま》

54 □《ゆ》だんなく　くるっと回《かい》□《てん》　□《きゅう》□《はっ》□《しん》

55 □《かん》字《じ》より　かんたんに□《かん》じた　ネコけん□《てい》

4日目 けん定問題

にゃんこ豆知《まめち》しきけん定《てい》⑪

3点

2 にゃんこ豆知《まめち》しきのけん定問題《ていもんだい》にちょうせん！

① ネコにとって、身近《みぢか》でこわい食《た》べ物《もの》は？

ガムなど

② ネコは、なぜ立《た》ち上《あ》がる？

まわりを　　見《み》としている

③ なでているネコが、急《きゅう》におこり出《だ》すのはどんなとき？

「　　　　」のサインを見落《みお》としたとき

1日目

名前

あるある五七五 ⑫

1 次《つぎ》の五七五《ごしちご》を読《よ》んで、□の中《なか》の漢字《かんじ》をなぞりましょう。

⑯ 終《お》わったか？　じ童《どう》のネコ話《ばなし》　第《だい》三《さん》章《しょう》へ

⑰ 口《くち》笛《ぶえ》に　返《へん》事《じ》をするよ　路《ろ》地《じ》うらで

⑱ ネコパンチ　全《ぜん》力《りょく》秒《びょう》速《そく》　二《に》十《じゅう》メートル

⑲ じょうと先《さき》　一《いち》番《ばん》のお礼《れい》　ネコ写《しゃ》真《しん》

⑳ 炭《たん》さんも　緑《りょく》茶《ちゃ》もお酒《さけ》も　飲《の》めないよ

1日目　にゃんこ豆知しき①

『口笛《くちぶえ》とネコの耳《みみ》』

2 今日《きょう》のにゃんこ豆《まめ》知《ち》しきを読《よ》んでみよう！

口笛《くちぶえ》に　返事《へんじ》をするよ　路地《ろじ》うらで

ネコのすぐれたのう力《りょく》の一《ひと》つは、その耳《みみ》にあります。

ネコは人《ひと》に聞《き》こえるよりもずっと高《たか》い音《おと》、小《ちい》さな音《おと》を聞《き》くことができるのだそうです。

これは、え物《もの》であるネズミの声《こえ》を聞《き》くために進化《しんか》したといわれています。

口笛《くちぶえ》をふくと、ネコはパッとふり返《かえ》りますね。よろこんでよって来《く》るネコもいますが、もしおこるようならうるさく思《おも》っているのかもしれませんのでご注意《ちゅうい》を。

2日目

名前

あるある五七五 ⑫

1 次《つぎ》の五七五《ごしちご》を読《よ》んで、□の中《なか》の漢字《かんじ》を書《か》きましょう。

㊺
□《お》わったか？ じ□《どう》のネコ話《ばなし》 □《だい》三《さん》□《しょう》へ

㊼
口《くち》□《ぶえ》に □《へん》□《じ》をするよ □《ろ》地《じ》うらで

㊽
ネコパンチ □《ぜん》力《りょく》□《びょう》□《そく》 二十《にじゅう》メートル

㊾
じょうと先《さき》 一番《いちばん》のお□《れい》 ネコ□《しゃ》□《しん》

㊿
□《たん》さんも □《りょく》茶《ちゃ》もお□《さけ》も □《の》めないよ

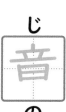

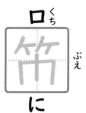

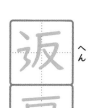

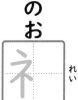

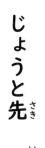

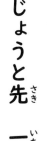

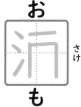

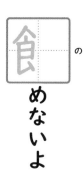

2日目　にゃんこ豆知しき ②

『強《つよ》いぞ！ネコパンチ』

2 今日《きょう》のにゃんこ豆知《まめち》しきを読《よ》んでみよう！

ネコパンチ　全力秒速《ぜんりょくびょうそく》　二十《にじゅう》メートル

ネコがくり出《だ》すネコパンチ。

見《み》ている分《ぶん》にはかわいいですが、その速《はや》さはものすごく、秒速《びょうそく》やく二十《にじゅう》メートルも出《で》ているそうです。

プロボクサーが出《だ》すパンチより速《はや》いそうです。い力《りょく》もすさまじく、本気《ほんき》でパンチすると相手《あいて》の動物《どうぶつ》が気《き》ぜつすることもあります。

かい主《ぬし》とのじゃれ合《あ》いで軽《かる》くパンチするときはよいですが、おこらせないようにしたいですね。

3日目

名前

あるある五七五 ⑫

1 次《つぎ》の五七五《ごしちご》を読《よ》んで、□の中《なか》の漢字《かんじ》を書《か》きましょう。

㊻ □《お》わったか？　じ□《どう》のネコ話《ばなし》　□《だい》三《さん》□《しょう》へ

㊼ 口《くち》□《ぶえ》に　□《へん》□《じ》をするよ　□《ろ》地《じ》うらで

㊽ ネコパンチ　□《ぜん》力《りょく》□《びょう》□《そく》　二《に》十《じゅう》メートル

㊾ じょうと先《さき》　一番《いちばん》のお□《れい》　ネコ□《しゃ》□《しん》

㊿ □《たん》さんも　□《りょく》茶《ちゃ》もお□《さけ》も　□《の》めないよ

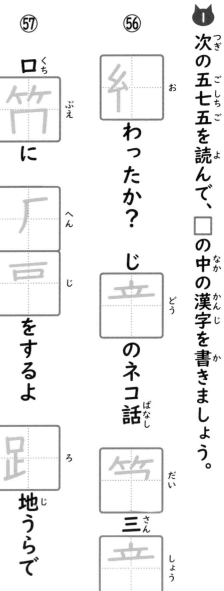

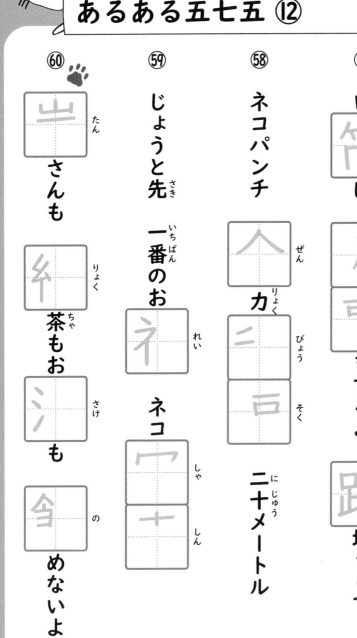

『どくになる飲《の》み物《もの》』

2 今日《きょう》のにゃんこ豆知《まめち》しきを読《よ》んでみよう！

炭《たん》さんも 緑茶《りょくちゃ》もお酒《さけ》も 飲《の》めないよ

あわが出《で》る炭《たん》さん水《すい》などは、ふしぎに見《み》えるのか、きょう味《み》しんしんでよって来《く》るので気《き》をつけましょう。

アルコールをふくむお酒《さけ》や、カフェインをふくむ緑茶《りょくちゃ》、コーヒーなどはダメです。

あとは、牛《ぎゅう》にゅうも、消化《しょうか》がうまくできないのでおすすめしません。

ただ、ミルクがすきなネコもいますので、その場合《ばあい》はちゃんとネコ用《よう》のミルクを用意《ようい》してあげましょう。

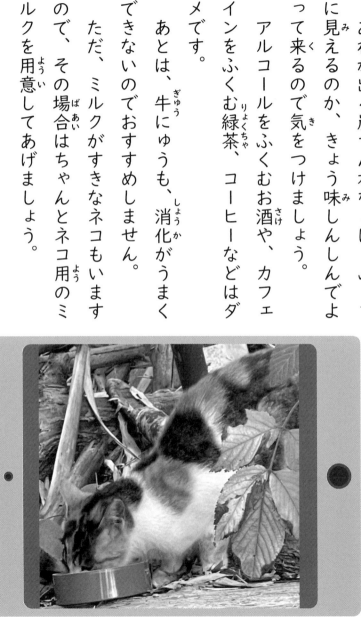

4日目

⑫のかくにん

18点

名前

1 次《つぎ》の五《ご》七《しち》五《ご》を読《よ》んで、□の中《なか》の漢字《かんじ》を書《か》きましょう。

56 □《お》わったか？　じ□《どう》のネコ話《ばなし》　□《だい》三《さん》□《しょう》へ

57 口《くち》□《ぶえ》に　□《へん》□《じ》をするよ　□《ろ》地《じ》うらで

58 ネコパンチ　□《ぜん》力《りょく》□《びょう》□《そく》　二《に》十《じゅう》メートル

59 じょうと先《さき》　一《いち》番《ばん》のお□《れい》　ネコ□《しゃ》□《しん》

60 □《たん》さんも　□《りょく》茶《ちゃ》もお□《さけ》も　□《の》めないよ

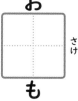

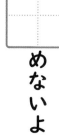

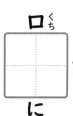

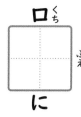

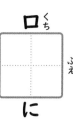

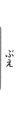

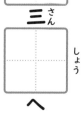

4日目 けん定問題

にゃんこ豆知《まめち》しきけん定《てい》 ⑫

3点

2 にゃんこ豆知《まめち》しきのけん定問題《ていもんだい》にちょうせん！

① ネコの耳《みみ》は、何《なに》のために進化《しんか》したと言《い》われる？

えものである□□□□□《こえ》をきくため

② ネコパンチの速《はや》さは？

秒速《びょうそく》□《に》□《じゅう》メートル

③ ミルクがすきなネコには、何《なに》を用意《ようい》するといい？

□□□《よう》のミルク

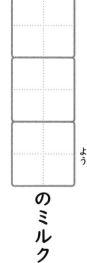

1日目

名前

あるある五七五 ⑬

1 次《つぎ》の五七五《ごしちご》を読《よ》んで、□の中《なか》の漢字《かんじ》をなぞりましょう。

㉛ 筆《ふで》使《つか》い 等《とう》身《しん》大《だい》の ネコえがく

62 げん代《だい》の ペットフードは 進《しん》化《か》した

63 山口《やまぐち》県《けん》 ネコを助《たす》ける 旅《りょ》館《かん》ある

64 ネコブーム 波《なみ》に乗《の》ったら 福《ふく》も来《き》た

65 九《きゅう》州《しゅう》の 湯《ゆ》島《しま》に向《む》けて 出《しゅっ》港《こう》だ

1日目 にゃんこ豆知しき ①

『ペットフードもいろいろある』

2 今日《きょう》のにゃんこ豆知《まめち》しきを読《よ》んでみよう！

げん代《だい》の ペットフードは 進化《しんか》した

スーパーやコンビニにあるペットフードのたなには、様々《さまざま》な商品《しょうひん》がならんでいますね。

ネコのけんこうや、年《ねん》れいに合《あ》わせてたくさんのしゅるいがあり、ついまよってしまいます。

なやんで買《か》ってきたフードでも、においをかいでプイッとされると悲《かな》しいですよね。

ネコはにおいにびん感《かん》なので、一気《いっき》にかえずに少《すこ》しずつまぜて出《だ》すと、食《た》べてくれることもありますよ。

2日目

名前

あるある五七五 ⑬

1 次《つぎ》の五七五《ごしちご》を読《よ》んで、□の中《なか》の漢字《かんじ》を書《か》きましょう。

㉑ 筆《ふで》使《つか》い　等《とう》身《しん》大《だい》の　ネコえがく

㉒ げん代《だい》の　ペットフードは　進《しん》化《か》した

㉓ 山口《やまぐち》県《けん》　ネコを助《たす》ける　旅《りょ》館《かん》ある

㉔ ネコブーム　波《なみ》に乗《の》ったら　福《ふく》も来《き》た

㉕ 九《きゅう》州《しゅう》の　湯《ゆ》島《しま》に向《む》けて　出《しゅっ》港《こう》だ

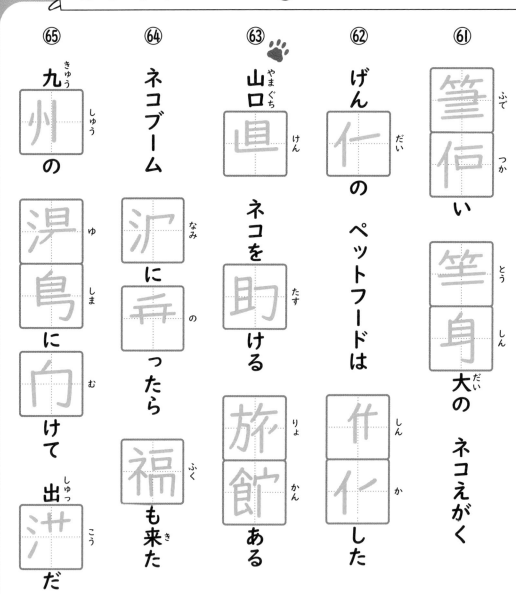

2日目 にゃんこ豆知しき ②

『さつしょ分《ぶん》ゼロを目指《めざ》す』

2 今日《きょう》のにゃんこ豆知《まめち》しきを読《よ》んでみよう！

山口県《やまぐちけん》 ネコを助《たす》ける 旅館《りょかん》ある

山口県《やまぐちけん》のてしま旅館《りょかん》の庭《にわ》には、ほごネコシェルター「猫庭《ねこにわ》」があります。ネコのさつしょ分《ぶん》ゼロを目指《めざ》して作《つく》られた猫庭《ねこにわ》。

かい主《ぬし》のいないネコたちが、新《あたら》しい家族《かぞく》を待《ま》ちながらくらしています。

館長《かんちょう》は、猫庭《ねこにわ》を作《つく》ったときには小学《しょうがく》四年生《よねんせい》だった女《おんな》の子《こ》。

今《いま》も、たくさんのネコたちをお世話《せわ》しながら、ネコたちが幸《しあわ》せになるように、ほご活動《かつどう》をしています。

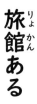

3日目

名前

あるある五七五 ⑬

1 次《つぎ》の五七五《ごしちご》を読《よ》んで、□の中《なか》の漢字《かんじ》を書《か》きましょう。

㉛ □《ふで》□《つか》い　□《とう》□《しん》大《だい》の　ネコえがく

㉜ げん□《だい》の　ペットフードは　□《しん》□《か》した

㉝ 山口《やまぐち》□《けん》　ネコを□《たす》ける　□《りょ》□《かん》ある

㉞ ネコブーム　□《なみ》に□《の》ったら　□《ふく》も来《き》た

㉟ 九《きゅう》□《しゅう》の　□《ゆ》□《しま》に□《む》けて　出《しゅっ》□《こう》だ

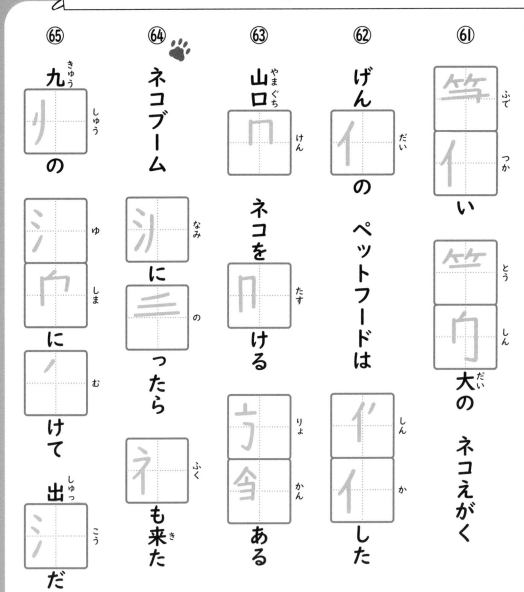

3日目 にゃんこ豆知しき ③

『ラッキーキャット　三毛《みけ》のオス』

❷ 今日《きょう》のにゃんこ豆知《まめち》しきを読《よ》んでみよう!

ネコブーム　波《なみ》に乗《の》ったら　福《ふく》も来《き》た

ネコの中《なか》でもとくにめずらしく、幸《こう》運《うん》をもたらすといわれているのが、オスの三毛《みけ》ネコです。

三毛《みけ》ネコなんてたくさんいると思《おも》う人《ひと》もいるかもしれませんが、三毛《みけ》ネコはそのほとんどがメスです。

オスの三毛《みけ》ネコが生《う》まれるかくりつは、三万《さんまん》びきに一《いっ》ぴきだそう。

めずらしくてえん起《ぎ》がいいことから、日本《にほん》の「第一次南《だいいちじなん》きょくかんそくたい」にもえらばれました。

4日目

⑬のかくにん

／19点

名前

1 次《つぎ》の五七五《ごしちご》を読《よ》んで、□の中《なか》の漢字《かんじ》を書《か》きましょう。

61 □《ふで》□《つか》い　□《とう》□《しん》大《だい》の　ネコえがく

62 げん□《だい》の　ペットフードは　□《しん》□《か》した

63 山口《やまぐち》□《けん》　ネコを□《たす》ける　□《りょ》□《かん》ある

64 ネコブーム　□《なみ》に□《の》ったら　□《ふく》も来《き》た

65 九《きゅう》□《しゅう》の　□《ゆ》□《しま》に□《む》けて　出《しゅっ》□《こう》だ

4日目 けん定問題

にゃんこ豆知《まめち》しきけん定《てい》⑬

3点

2 にゃんこ豆知《まめち》しきのけん定問題《ていもんだい》にちょうせん!

① においにびん感《かん》なネコ、フードをかえるときはどうしたらいい?

一気《いっき》にかえずに少《すこ》しずつ □□□ 出《だ》す

② 山口県《やまぐちけん》のてしま旅館《りょかん》の庭《にわ》には何《なに》がある?

□□□□ シェルター「猫庭《ねこにわ》」

③ オスの三毛《みけ》ネコが生《う》まれるかくりつは?

□□□□ 三万《さんまん》に一《いっ》ぴき

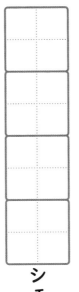

1日目

名前

あるある五七五 ⑭

次《つぎ》の五七五《ごしちご》を読《よ》んで、□の中《なか》の漢字《かんじ》をなぞりましょう。

⑯ 車《しゃ》庫《こ》使《つか》い　ほごカフェ開《かい》業《ぎょう》　ネコ助《だす》け

⑰ 研《けん》究《きゅう》会《かい》　ネコの委《い》員《いん》が　発《はっ》表《ぴょう》だ

⑱ キーボード　肉《にく》球《きゅう》使《つか》って　画《が》面《めん》起《き》動《どう》

⑲ 安《やす》らかに　悲《かな》しみ乗《の》りこえ　かい主《ぬし》さん

⑳ この地《ち》区《く》は　ネコが平《へい》和《わ》に　くらしてる

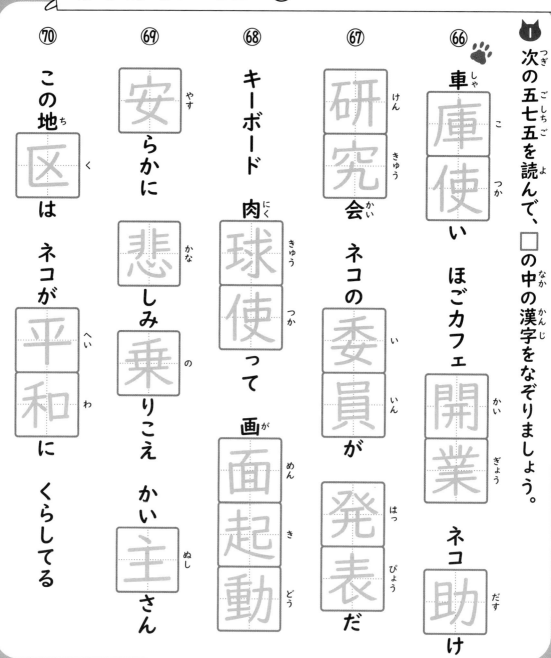

1日目 にゃんこ豆知しき①

『かえない人《ひと》はネコカフェに』

②今日《きょう》のにゃんこ豆知《まめち》しきを読《よ》んでみよう！

車庫使《しゃこつか》い　ほごカフェ開業《かいぎょう》　ネコ助《だす》け

ネコがすきだけど家《いえ》ではかえない、でもネコを見《み》たいし、ふれ合《あ》いたい……という人《ひと》はけっこういますね。

そんなときにうれしいのが、たくさんのネコとふれ合《あ》えるネコカフェ。

新《あたら》しい家族《かぞく》と出会《であ》えるように、ほごネコがネコスタッフとしてお店《みせ》に出《で》る「ほごネコカフェ」もふえています。

ネコの自《し》ぜんな様子《ようす》が見《み》られ、まずはお店《みせ》でふれ合《あ》っておたがいを知《し》ることができます。ネコにも人《ひと》にもいいですね。

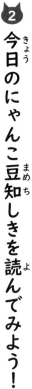

名前

あるある五七五 ⑭

1 次《つぎ》の五七五《ごしちご》を読《よ》んで、□の中《なか》の漢字《かんじ》を書《か》きましょう。

66 車《しゃ》□《こ》□《つか》い　ほごカフェ　□《かい》□《ぎょう》　ネコ□《だす》け

67 □《けん》□《きゅう》会《かい》　ネコの□《い》□《いん》が　□《はっ》□《ぴょう》だ

68 キーボード　肉《にく》□《きゅう》□《つか》って　画《が》□《めん》□《き》□《どう》

69 □《やす》らかに　□《かな》しみ□《の》りこえ　かい□《ぬし》さん

70 この地《ち》□《く》は　ネコが□《へい》□《わ》に　くらしてる

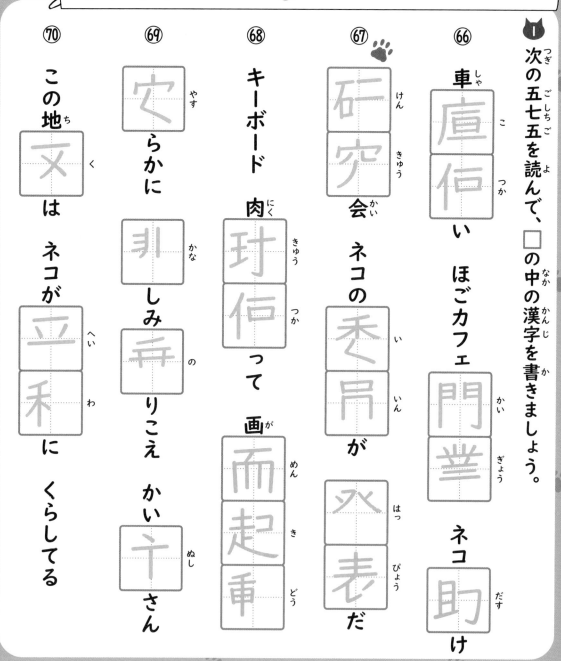

『マタタビずきな理由《りゆう》』

今日《きょう》のにゃんこ豆知《まめち》しきを読《よ》んでみよう！

研究会《けんきゅうかい》　ネコの委員《いいん》が　発表《はっぴょう》だ

多《おお》くのネコがたまらなく大《だい》すきなマタタビ。

日本《にほん》の大学《だいがく》の研究《けんきゅう》で、マタタビを体《からだ》にこすりつけるのは、虫《むし》よけのこうかがあることがわかりました。

ネコは、あのにおいにフニャ～ンととろけてしまいますが、人間《にんげん》にはあまりなじみがありませんね。

身近《みぢか》な食《た》べ物《もの》で、ネコが同《おな》じような反《はん》のうをするのがキウイフルーツ。

意外《いがい》にも、キウイはマタタビのなか間《ま》の植物《しょくぶつ》なのです。

3日目

名前

あるある五七五 ⑭

1 次《つぎ》の五七五《ごしちご》を読《よ》んで、□の中《なか》の漢字《かんじ》を書《か》きましょう。

⑥⑥ 車《しゃ》□《こ》□《つか》い　ほごカフェ□《かい》□《ぎょう》　ネコ□《だす》け

⑥⑦ □《けん》□《きゅう》会《かい》　ネコの□《い》□《いん》が　□《はっ》□《ぴょう》だ

⑥⑧ キーボード　肉《にく》□《きゅう》□《つか》って　画《が》□《めん》□《き》□《どう》

⑥⑨ □《やす》らかに　□《かな》しみ□《の》りこえ　かい□《ぬし》さん

⑦⓪ この地《ち》□《く》は　ネコが□《へい》□《わ》に　くらしてる

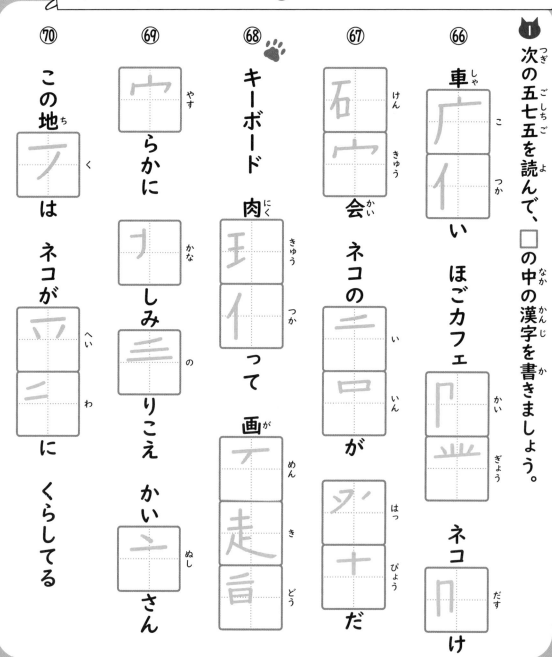

3日目 にゃんこ豆知しき ③

『おじゃまネコの気持《きも》ち』

2 今日《きょう》のにゃんこ豆知《まめち》しきを読《よ》んでみよう！

キーボード　肉球使《にくきゅうつか》って　画面起動《がめんきどう》

ツンとしたイメージに反《はん》して、ネコはよく人《ひと》のことを見《み》ています。人《ひと》が何《なに》をしているのか様子《ようす》を見《み》に来《き》たり、こうき心《しん》で、人《ひと》の道具《どうぐ》にチョイチョイと手《て》を出《だ》したり。パソコンのキーボードなどは、音《おと》がカチャカチャ鳴《な》って、楽《たの》しいようです。

また、いつも動《うご》き回《まわ》っている人《ひと》がつくえに向《む》かっていると気《き》になるみたいで、目《め》の前《まえ》にやってきます。

遊《あそ》んであげるとまん足《ぞく》しますが、毎《まい》回《かい》じゃまされないようにしましょう。

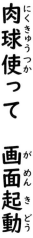

4日目

⑭のかくにん

／23点

名前

次《つぎ》の五《ご》七《しち》五《ご》を読《よ》んで、□の中《なか》の漢字《かんじ》を書《か》きましょう。

⑥⑥ 車《しゃ》□《こ》□《つか》い　ほごカフェ　□《かい》□《ぎょう》　ネコ□《だす》け

⑥⑦ □《けん》□《きゅう》会《かい》　ネコの□《い》□《いん》が　□《はっ》□《ぴょう》だ

⑥⑧ キーボード　にく□《きゅう》□《つか》って　画《が》□《めん》□《き》□《どう》

⑥⑨ □《やす》らかに　□《かな》しみ□《の》りこえ　かい□《ぬし》さん

⑦⓪ この地《ち》□《く》は　ネコが□《へい》□《わ》に　くらしてる

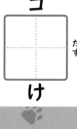

4日目 けん定問題

にゃんこ豆知《まめち》しきけん定《てい》⑭

3点

2 にゃんこ豆知《まめち》しきのけん定問題《ていもんだい》にちょうせん！

① たくさんのネコとふれ合《あ》える場所《ばしょ》といえば？

ネコ□□□

② ネコが、マタタビと同《おな》じような反《はん》のうをする食《た》べ物《もの》は？

□□□フルーツ

③ かい主《ぬし》の前《まえ》にやってくるネコ、どうしてあげたらまん足《ぞく》する？

遊《あそ》□□□あげるとまん足《ぞく》する

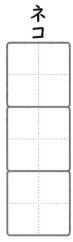

1日目

名前

あるある五七五 ⑮

1 次《つぎ》の五七五《ごしちご》を読《よ》んで、□の中《なか》の漢字《かんじ》をなぞりましょう。

⑪ エサを見《み》て　表《ひょう》じょうへん化《か》　起《お》き上《あ》がる

⑫ 次《つぎ》の号《ごう》　昭《しょう》和《わ》の昔《むかし》の　ネコとく集《しゅう》

⑬ ネコすなは　重《おも》い荷《に》物《もつ》だ　よっこらしょ

⑭ カリカリは　全《ぜん》部《ぶ》食《た》べずに　取《と》っておく

⑮ 人《ひと》見《み》知《し》り　他《た》人《にん》が来《く》ると　家《か》具《ぐ》のうら

1日目　にゃんこ豆知しき ①

『トイレもなわばり』

2 今日《きょう》のにゃんこ豆知《まめち》しきを読《よ》んでみよう！

ネコすなは　重《おも》い荷物《にもつ》だ　よっこらしょ

ネコは、すなの上《うえ》でのトイレをこのみます。

すなの大《おお》きさや手《て》ざわり、しゅるいはネコによってこだわりがあるので気《き》に入《い》るものを見《み》つけてあげましょう。

また一《いっ》しょにくらしているネコ同《どう》しでも同《おな》じものを使《つか》ってくれないことも。

これは、ネコすなにも自分《じぶん》のにおいがついていることが原《げん》いんです。

なわばり意《い》しきの強《つよ》い子《こ》にとっては、自分《じぶん》だけの場所《ばしょ》というこだわりが出《で》てしまうようです。

2日目

あるある五七五 ⑮

名前

次《つぎ》の五七五《ごしちご》を読《よ》んで、□の中《なか》の漢字《かんじ》を書《か》きましょう。

⑪ エサを見《み》て 表《ひょう》じょうへん化《か》 起《お》き上《あ》がる

⑫ 次《つぎ》の号《ごう》 昭《しょう》和《わ》の昔《むかし》の ネコとく集《しゅう》

⑬ ネコすなは 重《おも》い荷《に》物《もつ》だ よっこらしょ

⑭ カリカリは 全《ぜん》部《ぶ》食《た》べずに 取《と》っておく

⑮ 人《ひと》見《み》知《し》り 他《た》人《にん》が来《く》ると 家《か》具《ぐ》のうら

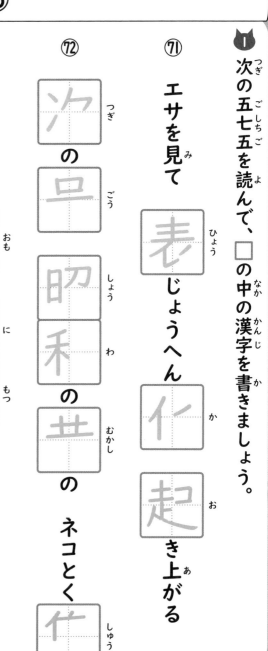

2日目 にゃんこ豆知しき ②

『ちょこちょこ食《た》べがふつうだよ』

2 今日《きょう》のにゃんこ豆知《まめち》しきを読《よ》んでみよう！

カリカリは　全部食《ぜんぶた》べずに　取《と》っておく

ネコは、よくお皿《さら》にごはんをのこしていなくなってしまいます。

なぜ全部食《ぜんぶた》べないのかな、調子《ちょうし》が悪《わる》いのかもと気《き》になりますよね。

でも大《だい》じょうぶ、ネコには少《すこ》しずつ食《た》べるというくせがあるのです。

昔《むかし》から、ハンターとして小《ちい》さな生《い》き物《もの》をとって食《た》べていたネコ。

食《た》べ物《もの》はき重《ちょう》なので一度《いちど》に食《た》べ切《き》ってしまわずに、取《と》っておくという習《しゅう》せいがあるのです。

3日目

名前

あるある五七五 ⑮

1 次《つぎ》の五《ご》七《しち》五《ご》を読《よ》んで、□の中《なか》の漢《かん》字《じ》を書《か》きましょう。

⑪
エサを見《み》て
□《ひょう》じょうへん□《か》
□《お》き上《あ》がる

⑫
□《つぎ》の□《ごう》
□《しょう》□《わ》の□《むかし》の
ネコとく□《しゅう》

⑬
ネコすなは
□《おも》い□《に》□《もつ》だ
よっこらしょ

⑭
カリカリは
□《ぜん》□《ぶ》食《た》べずに
□《と》っておく

⑮
人《ひと》見《み》知《し》り
□《た》人《にん》が来《く》ると
家《か》□《ぐ》のうら

3日目　にゃんこ豆知しき ③

『ネコは人見知《ひとみし》り』

2 今日《きょう》のにゃんこ豆知《まめち》しきを読《よ》んでみよう!

人見知《ひとみし》り　他人《たにん》が来《く》ると　家具《かぐ》のうら

自分《じぶん》から人《ひと》に近《ちか》づくネコもいれば、足音《あしおと》だけでこわがってかくれてしまうネコもいます。人《ひと》と同《おな》じで、いろいろなネコがいるのです。

人《ひと》はすきだけどネコはきらいという場合《ばあい》や、そのぎゃくもあります。

それは、小《ちい》さいころにすごしたかんきょうによりますが、人《ひと》をこわがるネコでも、毎日一《まいにちいっ》しょのかい主《ぬし》さんだけは「大《だい》すき!」ということは多《おお》いです。

4日目

⑮のかくにん

／17点

名前

1 次《つぎ》の五《ご》七《しち》五《ご》を読《よ》んで、□の中《なか》の漢字《かんじ》を書《か》きましょう。

⑴ エサを見《み》て □《ひょう》じょうへん□《か》 □《お》き上《あ》がる

⑵ □《つぎ》の□《ごう》 □《しょう》□《わ》の□《むかし》の ネコとく□《しゅう》

⑶ ネコすなは □《おも》い□《に》□《もつ》だ よっこらしょ

⑷ カリカリは □《ぜん》□《ぶ》食《た》べずに □《と》っておく

⑸ 人《ひと》見《み》知《し》り □《た》人《にん》が来《く》ると 家《か》□《ぐ》のうら

4日目 けん定問題

にゃんこ豆知《まめち》しきけん定《てい》⑮

3点

2 にゃんこ豆知《まめち》しきのけん定問題《ていもんだい》にちょうせん!

① ネコは、トイレの何《なに》についてこだわりがある?

すなの大《おお》きさや[　　　　　]、しゅるい

② 食《た》べ物《もの》に対《たい》しての、ネコの習《しゅう》せいとは?

一度《いちど》に食《た》べ切《き》らず、[　　　　　]習《しゅう》せい

③ ネコはどんな人《ひと》が大《だい》すき?

毎日《まいにち》[　　　　　]かい主《ぬし》さん

にゃん漢字　（小学三年生）

にゃんこ豆知しきけん定①

① やさしい顔になる
② 体長の五倍ほど
③ ごはん前に遊んであげる

にゃんこ豆知しきけん定②

① 大人しいことが多い
② 顔の大きな強いオス
③ かい主やネコ自身のにおいがついたタオル

にゃんこ豆知しきけん定③

① ケンカの始まりを意味する
② さばくに住んでいたなごり
③ 外でのケガや、ウイルス感せん

にゃんこ豆知しきけん定④

① 水を飲ませる
② マーキングや、リラックスするこうか
③ 新しい家族を待っているネコ

にゃんこ豆知しきけん定⑤

① 生き物の動きをまねて動かす
② においと音で集めている
③ 「何かへんなことはないかな?」と気にしているから

にゃんこ豆知しきけん定⑥

① トイレの後にはにおいがしてしまうから
② 人の動作
③ 二十七ものきん肉がある

にゃんこ豆知しきけん定⑦

① ドライヤーの風で目をいためてしまうことがあるから
② 味よりもにおい
③ 平気な顔

にゃんこ豆知しきけん定⑧

① 体温が下がってしまう
② リラックスしているとき
③ 黒目を太くして光を集める

にゃんこ豆知しきけん定⑨

① 人の行動やその時間
② 三十八度くらい
③ 肉球

にゃんこ豆知しきけん定⑩

① そばに行ってかくにんせずにはいられない
② 茶色や黒などがある
③ 首をまっすぐにしたまま食べられるから

にゃんこ豆知しきけん定⑪

① キシリトールガムなど
② まわりをよく見ようとしている
③ 「もう終わり」のサインを見落としたとき

にゃんこ豆知しきけん定⑫

① えものであるネズミの声をきくため
② 秒速二十メートル
③ ネコ用のミルク

にゃんこ豆知しきけん定⑬

① 一気にかえずに少しずつまぜて出す
② ほごネコシェルター「猫庭」
③ 三万びきに一ぴき

にゃんこ豆知しきけん定⑭

① ネコカフェ
② キウイフルーツ
③ 遊んであげるとまん足する

にゃんこ豆知しきけん定⑮

① すなの大きさや手ざわり、しゅるい
② 一度に食べ切らず、取っておく習せい
③ 毎日一しょのかい主さん

三年生で習う漢字（二〇〇字）

悪安暗医委意育員院飲運泳駅央
横屋温化荷界階寒感漢館岸起期
客究急級宮球去橋業曲局銀区苦
具君係軽血決研県庫湖向幸港号
根祭皿仕死使始指歯詩次事持式
実写者主守取酒受州拾終習集住
重宿所暑助昭消商章勝乗植申身
神真深進世整昔全相送想息速族
他打対待代第題炭短談着注柱丁
帳調追定庭笛鉄転都度投豆島湯
登等動童農波配倍箱畑発反坂板
皮悲美鼻筆氷表秒病
品負部服福物平返勉
放味命面問役薬由油
有遊予羊洋葉陽様落
流旅両緑礼列練路和
開

おぼえたら
赤えんぴつで
丸をしよう

にゃんこ豆知しき

5 家にむかえられたネコはやさしい顔になる。
7 体長の五倍ほどの高さまでとべる。
9 エネルギーがあまっているネコとは遊んであげよう。
13 長毛ネコは大人しいことが多い。
15 ネコは顔の大きな強いオスがモテる。
17 ネコとのお出かけは安心するにおいのタオルがあるといい。
21 ネコ同しで目を合わせるのはけんかの始まり。
23 ご先ぞ様がさばくに住んでいたネコは、水を飲むりょうが少ない。
25 室内がいで、ネコはけがやウイルス感せんが少なくなった。
29 ネコに薬を飲ませるときは水も飲ませてあげよう。
31 ツメとぎにはリラックスこうかがある。
33 ほごネコシェルターには新しい家族を待つネコがいる。
37 おもちゃにあきたら生き物の動きをまねて動かす。
39 においでじょうほうを集めている。
41 へんなことはないかを気にしてパトロール。
45 トイレの後のすなかけはにおいを消すため。
47 人の動作を見て、ドアの開け方をおぼえる。
49 ネコの耳には二十七ものきん肉がある。
53 ドライヤーの風はネコの目をいためてしまうことがある。
55 ごはんをえらぶきじゅんは味よりもにおい。
57 調子が悪いときでも、平気な顔をしている。
61 ぬれると体温が下がってしまう。
63 ふみふみするのはリラックスしているとき。
65 黒目は暗いところで太くなって光を集める。
69 毎日一しょにいる人の行動や時間をおぼえる。
71 体温は三十八度くらい。
73 肉球にしかあせをかかない。
77 気になったらかくにんせずにはいられない。
79 肉球はピンクの他に茶色や黒もある。
81 お皿は首をまっすぐにして食べられるものがおすすめ。
85 キシリトールガムはネコにとってこわい食べ物。
87 まわりをよく見ようとして立ち上がる。
89 なでられているネコは「もう終わり」のサインを見落とすとおこる。
93 ネズミの声をきくために進化した耳。
95 ネコパンチは秒速二十メートル。
97 ミルクずきなネコにはネコ用のミルクをあげる。
101 フードをかえるときは少しずつまぜて出す。
103 山口県にあるほごネコシェルター「猫庭」。
105 オスの三毛ネコは三万びきに一ぴき。
109 たくさんのネコとふれあえるのがネコカフェ。
111 マタタビはキウイフルーツのなか間。
113 かい主のじゃまをするネコは、遊んであげると満足する。
117 ネコすなのしゅるいや手ざわりにこだわる。
119 食べ物を取っておく習せいがある。
121 毎日一しょにいるかい主さんのことが大すき！

あるある！ニャン漢字ドリル　小３

2023年３月20日

〇著者／川岸雅詩

〇監修／猫庭

〇発行者／面屋洋

〇発行所／フォーラム・A

〒530-0056　大阪市北区兎我野町15-13

ミユキビル3F

TEL／06-6365-5606　FAX／06-6365-5607

振替／00970-3-127184

〇印刷・製本／光邦

〇デザイン／美濃企画株式会社

〇製作担当編集／田邉光喜

〇企画／清風堂書店

〇HP：http://www.foruma.co.jp

※乱丁・落丁本はおとりかえいたします。